El
Pasos diarios para
chicas de Dios

Bueno, aquí lo tienes, un libro para «pasarles el Verbo hecho carne» a las chicas de Dios de todas partes. Disfrutarás del estilo personal y auténtico de Holly a medida que camina contigo en tu viaje hacia la belleza, el poder y el propósito en Dios. Nunca ha sido tan sencillo, a pesar de ser tan profundo.

Lisa Bevere
Oradora y autora de *Fight Like a Girl* y *Kissed the Girls and Made Them Cry*

Es vital pasar tiempo con nuestro Creador a diario. En este libro devocional, Holly se destaca al ayudarnos a entrar en ese lugar de intimidad diaria con Dios.

Christine Caine
Directora de *Equip and Empower Ministries*

Holly, con su estilo natural, práctico y encantador por completo, posee una profundidad que se identifica con mujeres de todas las edades. Estoy segura de que este devocional diario te alentará, inspirará y señalará el camino de tu verdadero potencial. Recibe bendición al comenzar el día con Jesús y con una de mis amigas más preciadas y amadas.

Bobbie Houston
Pastora principal, Iglesia Hillsong

El devocional de noventa días para mujeres auténticas

Pasos diarios para

90

Chicas de Dios

* Holly Wagner *

EDITORIAL
UNILIT

Sepa

Publicado por
Editorial Unilit
Miami, Fl. 33172
Derechos reservados
© 2008 Editorial Unilit (Spanish translation)
Primera edición 2008

© 2006 por Holly Wagner
Originalmente publicado en inglés con el título:
Daily Steps for God Chicks
por Regal Books, una división de Gospel Light Publications, Inc.
Ventura, California 93006, USA.
Todos los derechos reservados.

Traducción: Gabriela De Francesco de Colacilli
Diseño de la portada: Ximena Urra
Fotografía de la portada: Shutterstock.com /fee graphic

Las citas bíblicas se tomaron de la *Santa Biblia Nueva Versión Internacional*.
© 1999 por la Sociedad Bíblica Internacional.
Las citas bíblicas señaladas con LBD se tomaron de la Santa Biblia, *La Biblia al Día*. © 1979 por la Sociedad Bíblica Internacional.
Las citas bíblicas señaladas con DHH se tomaron de *Dios Habla Hoy*, la Biblia en Versión Popular. © 1966, 1970, 1979 por la Sociedad Bíblica Americana, Nueva York.
Las citas bíblicas señaladas con RV-60 se tomaron de la Santa Biblia, Versión Reina Valera 1960. © 1960 por la Sociedad Bíblica en América Latina.
Las citas bíblicas señaladas con LBLA se tomaron de la Santa Biblia, *La Biblia de Las Américas*. © 1986 por The Lockman Foundation.
Las citas bíblicas señaladas con TLA se tomaron de la *Biblia para todos*, © 2003. Traducción en lenguaje actual, © 2002 por las Sociedades Bíblicas Unidas.
Usadas con permiso.

Producto 495525
ISBN 0-7899-1522-7
ISBN 978-07899-1522-1
Impreso en Colombia
Printed in Colombia

Categoría: Inspiración/Motivación/Devocional
Category: Inspiration/Motivational/Devotional

Dedicatoria

Este libro es para todas ustedes las chicas de Dios que están comprometidas en el viaje diario de caminar con Dios. ¡Es un honor para mí estar en el planeta al mismo tiempo que ustedes!

Contenido

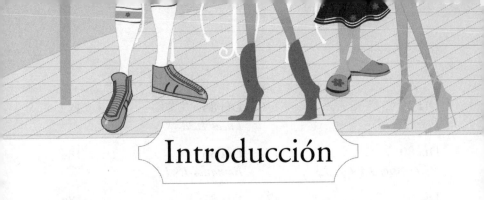

Introducción

A decir verdad, este año fue el que trajo más desafíos a mi vida. ¡He tenido que recordar alrededor de mil veces que lo que no me matará me hará más fuerte! Tal vez hayas tenido un año parecido... o un mes similar... ¡O incluso un día así!

Durante los últimos meses, hubo muchos días en los que llegué al final de mis fuerzas... en los que mi fuerza desapareció y tuve que buscar la fortaleza mucho mayor de mi Dios. Y en realidad, ¡no resulta nada mal!

Este año me diagnosticaron cáncer de mama y desde entonces he emprendido un viaje de sanidad. Como es de esperar, el diagnóstico inicial fue un impacto total. «Cáncer» es una palabra que genera temor cuando se menciona en tu vida. Sin embargo, como resultado del diagnóstico, he realizado muchos cambios... ¡buenos en su mayoría! (¡Ahora como muchas más cosas verdes!)

Una de las mejores cosas que hice fue ser muy diligente en pasar tiempo diario con Dios. He seguido a Cristo por más de veinte años, así que en verdad conozco la importancia de tomarse el tiempo para leer la Biblia y orar. Solo que este año, el tiempo devocional y de tranquilidad que pasé por la mañana se transformó en mi salvación. En verdad estaba sedienta de mi tiempo con Dios. Se transformó en más que mi simple tarea cristiana... fue mi cuerda de salvamento.

Utilizo distintos devocionales para ayudarme durante mi tiempo con Dios. La mayoría ofrece una sencilla reflexión y un versículo que en esencia me permite aprovechar el tiempo. Debido a lo mucho que me han ayudado estos devocionales, quise escribir uno que ayudara a otras mujeres.

Pasos diarios para chicas de Dios tiene noventa días de devocionales. Para las que son nuevas en el uso de un devocional, creo que tres meses es un buen período para desarrollar el hábito de pasar tiempo de quietud con Dios... para las que ya dominan el uso de los devocionales, ¡disfruten de estos tres meses! No hay maneras erradas de utilizar este libro.

Los primeros diez días están llenos con pensamientos generales a fin de ayudar a guiarte en el tiempo con tu Padre. Los ochenta días restantes están orientados de manera más específica hacia el desarrollo de diferentes aspectos de la Chica de Dios que hay dentro de ti. Espero que estos pensamientos desencadenen luego tu propio estudio.

Mi esperanza es que este libro (¡junto con tu Biblia, por supuesto!) te ayude a navegar a través de algunos momentos increíbles con Dios. En realidad, te felicito por elegir este libro devocional... e incluso más aun por querer pasar tiempo con tu Dios.

Tal vez hayas estado atravesando un desafío de salud, problemas económicos o una crisis en tu familia... ¡o a lo mejor tienes un año maravilloso! Pase lo que pase, cada día será mejor cuando lo comiences con unos momentos dedicados a fomentar la relación con tu Creador.

GodChicks fue mi intento de mostrar en unas pinceladas la maravillosa mujer que eres y en la que te estás transformando. ¡Mi oración es que este libro de pasos diarios te ayude en tu viaje hacia transformarte en todo lo que tu Padre tenía en mente cuando te creó!

Entonces, ¡comencemos la aventura!

Holly Wagner
26 de agosto de 2005

Pasos diarios para

90

Chicas de Dios

Día 1

Atiende, SEÑOR, a mis palabras; toma en cuenta mis gemidos.
Escucha mis súplicas, rey mío y Dios mío, porque a ti elevo mi
plegaria. Por la mañana, SEÑOR, escuchas mi clamor;
por la mañana te presento mis ruegos,
y quedo a la espera de tu respuesta.

SALMO 5:1-3, *NVI*

Debo confesarlo... casi nunca madrugo. Me gusta quedarme despierta hasta tarde y luego dormir hasta tarde... o al menos hasta tan tarde como sea posible. Sin embargo, ¡la vida ha interferido en esta pequeña preferencia! Los niños no dejan que las mamás durmamos hasta tarde... ¡Y supongo que es mejor que nos levantemos y vayamos a trabajar!

Solo quería dejar eso en claro para que entendieras lo insólito que ha sido para mí levantarme temprano este año que pasó y pasar tiempo con mi Dios. Antes, hablaba con Dios a lo largo del día o la noche... pero este año, he sido madrugadora. Y me *encantó*. Ahora es un hábito tan arraigado que no puedo imaginar comenzar el día sin una charla habitual con Dios. Incluso me molesta un poco si algo o alguien intenta invadir ese momento... mientras que antes, las distracciones, si no justo bienvenidas, ¡en verdad eran fáciles de llevar!

Quiero alentarte mientras comienzas a pasar estos momentos con Dios. Lo importante es que pases tiempo cada día con el Señor. No te apures a terminar estos momentos... no se trata de marcar tarjeta ni de solo realizar tu tarea cristiana. Se trata de desarrollar una relación con tu amoroso Creador. Él no puede forzar una relación contigo y nunca lo hará. Solo anhela que por voluntad propia lo ames y decidas pasar tiempo con Él.

Si voy a tener una relación excelente con mi esposo, tendré que pasar tiempo a su lado... no un tiempo entregado de mala gana, sino tiempo entregado con libertad y amor... tiempo para hablar con él y también (si no más), para escucharlo. (De acuerdo, ¡esa es la parte difícil!).

Se parece a lo que David gritó en el Salmo: «Atiende, SEÑOR, a mis palabras [...] Por la mañana [...] escuchas mi clamor; por la mañana te presento mis ruegos, y quedo a la espera de tu respuesta». Tu Padre celestial anhela profundizar su relación contigo. Está esperando que vengas a hablar con Él; que le cuentes cuáles son tus temores... tus sueños... tus pensamientos... tus deseos. De todos modos, los conoce, ¡solo quiere escucharlos de ti!

Paso diario

Cuéntale a Dios el mayor de tus temores
y el mayor de tus sueños.

Día 2

No se afanen por nada; más bien oren por todo.
Presenten ante Dios sus necesidades y después no dejen de darle
gracias por sus respuestas. Haciendo esto sabrán ustedes lo que
es la paz de Dios, la cual es tan extraordinariamente maravillosa
que la mente humana no podrá jamás entenderla.
Su paz mantendrá sus pensamientos y su corazón en
la quietud y el reposo de la fe en Jesucristo.

FILIPENSES 4:6-7, *LBD*

Hay momentos en los que quizá me podrían haber premiado con la medalla de oro a la preocupación. Son cinco minutos después del horario de llegada estipulado para mi hijo... ¿dónde está? ¿Cuáles serán los resultados de la operación? ¿Cómo debiera manejar la traición de ese amigo? ¿Tendré suficiente dinero para _____?

Me imagino que también has tenido momentos de medalla de oro a la preocupación. El desafío es transformar tus preocupaciones en oraciones. Me he dado cuenta de que si oro por algo, entregándoselo de verdad a Dios, una sensación de entereza viene y me tranquiliza.

Hubo un hombre en el Antiguo Testamento que se llamaba Josafat (vaya nombre, ¿no?). Se enteró de que más de un ejército venía a atacarlo a él y a los hijos de Israel. ¡Estaba un *poquito* preocupado! Todos lo estamos cuando nos rodean enemigos.

Una de las primeras cosas que hizo Josafat cuando se enteró de sus enemigos fue orar. Le contó a Dios acerca de los ejércitos que venían en su contra y le dijo que no tenía fuerza para hacerles frente, pero que sabía que Dios sí la tenía. Le dijo a Dios que buscaba su salvación. Y Dios hizo algo genial: Le dijo a Josafat que la batalla que venía no era suya, sino de Dios. Él solo quería que Josafat y sus muchachos ocuparan sus posiciones. Dios pelearía en su lugar.

Josafat adoptó la posición de la oración y la adoración. Mientras exaltaba al Señor, Dios peleaba la batalla en su favor.

Muchos días he estado muy preocupada por algo mientras estoy sentada para tener mi tiempo con Dios. Sin embargo, cuando comienzo a orar... a adorar... a leer su Palabra, sucede algo. Cristo y su paz llenan el lugar que ocupaba la preocupación. Lo mismo te sucederá a ti.

Paso diario

En una hoja de papel, escribe algo que te preocupe. Ahora, toma ese papel y levántalo como si se lo ofrecieras a Dios y di algo como esto: «Suelto esta preocupación, Padre, y confío en que te encargarás de proveer una solución». Ahora, arroja ese papel a la basura. ¡Y no lo saques! Se lo entregaste a tu Padre, y Él es más que capaz de resolverlo.

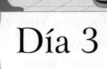

Día 3

Dediquen siempre tiempo a la oración,
y den gracias a Dios.

COLOSENSES 4:2, *TLA*

dedicar *v*: dar o utilizar (el tiempo, la atención o la persona) por entero a una particular actividad, búsqueda, causa o persona

Este año comencé a comprender en verdad lo que significa dedicarse.

Por cierto, hubo momentos en los que me dediqué a la investigación acerca del cáncer... y la información de salud. ¡He leído tantos libros acerca de la salud que siento que debiera tener un doctorado o algo parecido! Y a lo largo de veinte años de matrimonio, me he dedicado a mi esposo... ¡aunque es probable que en algunos momentos lo haya hecho más que en otros!

La dedicación supone fidelidad y lealtad. En cualquier momento de cualquier día, tú y yo estamos dedicadas a algo... a los amigos, a los hijos, a la carrera, a la preparación de la cena, al estudio, al ejercicio... la lista es interminable.

Cuando nos dedicamos a algo, nos consume. Durante los momentos que pasamos con Dios, debiéramos dedicarnos por completo... entregándonos del todo a la búsqueda de entablar una relación con nuestro Creador. No existen pautas establecidas de tiempo, no hay tarjetas para marcar la hora de entrada y salida. Algunos días tal vez pases una hora con Dios, mientras que otros días solo lo hagas unos pocos momentos... recuerda, se trata de la relación. Si es posible, la meta es profundizar la relación y salir luciendo un poco más como la mujer para la que te creó Dios. ¡Qué increíble es que el Dios que creó el universo quiera tener una relación íntima con nosotras!

La oración supone hablar y escuchar. Y, según Pablo, la base de nuestras oraciones debería ser un corazón agradecido. Algunos días es un desafío, porque nuestra necesidad parece tan grande que casi eclipsa a la gratitud. Con la magnitud de la necesidad, podemos olvidarnos con facilidad de las cosas por las que debemos estar agradecidas. Aun así, ¡no puedes dejar que suceda! Dios quiere que le pidamos ayuda, provisión y sanidad... lo que sea. Solo quiere que pidamos con un corazón agradecido.

Muchas veces comienzo mis peticiones a Dios diciendo: «Gracias, Padre, porque me prometes salud... o paz... o fuerza... o sabiduría». Comencemos nuestras peticiones agradeciéndole por nuestra familia, nuestra salud, nuestros amigos, nuestro trabajo, nuestro hogar en el cielo... la lista es interminable. Tenemos muchas cosas por las que estar agradecidas.

Paso diario

Anota cinco cosas por las que estás agradecida... y luego dale gracias a Dios por ellas...en voz alta.

Día 4

Adoren al SEÑOR con regocijo.
Preséntense ante él con cánticos de júbilo.

SALMO 100:2, *NVI*

Parte de nuestro tiempo con Dios incluirá la adoración. La adoración es expresarle amor a nuestro Dios. Esto se manifiesta de muchas maneras... y no es necesario que involucre música (¡lo cual es una buena noticia para las que no podemos cantar ni una nota!).

Una manera de adorar a Dios es conocer quién es y declararlo. Llegar a conocer a Dios sucede de la misma manera que con cualquier amigo. Al desarrollar una relación con alguien, conocemos quién es esa persona y cómo es. Al conocer a una de mis amigas, me enteré de que es muy paciente (¡hay que serlo para ser amiga mía!) y de que le gustan las cosas apacibles. Hice lo mejor que pude para satisfacer su necesidad de tranquilidad mientras desarrollábamos una amistad. A otra de mis amigas le encanta reírse. A mí también... así que encontraba cosas para reírnos (¡a menudo nos reíamos las dos solas!).

Llegamos a conocer a Dios al descubrir quién es. ¡Y la Biblia está llena de descripciones de nuestro maravilloso Dios! Su nombre es equivalente a su presencia. Dios sí que tiene varios nombres... y *todos* describen quién es.

Cuando Jesús les enseñaba a orar a los discípulos, comenzó lo que se conoce como el Padrenuestro (en realidad, creo que debiera llamarse «la oración de los discípulos») con una declaración de adoración. *Padre nuestro que estás en los cielos, santificado sea tu nombre.*

En el libro de Jueces, Dios le dio a Gedeón, que lidiaba con un complejo de inferioridad, una gran tarea. Un ángel se le apareció a Gedeón y le dijo que Dios quería que fuera a guiar al pueblo de Israel en una batalla en contra de los madianitas. Gedeón no se veía como un guerrero. Se quejó de que su tribu era la más débil y de que él era el menos importante de su familia. ¡Estaba bastante asustado! Entonces, Dios lo reconfortó... y dijo: «La paz sea contigo, no temas» (Jueces 6:23, RV-60). De inmediato, Gedeón le construyó un altar al Señor y lo llamó «El SEÑOR es Paz».

Hubo muchos momentos durante este último año en los que estuve a punto de enloquecer. Uno de ellos fue cuando escuché el diagnóstico del cáncer. Otro fue tener que esperar los resultados de los análisis. Otro más fue tomar las mejores decisiones de salud. Estas fueron solo algunas de las veces en las que tuve que acudir al Dios que es Paz... cuando lo adoré como mi paz... cuando le agradecí a Jesús por la paz que dejó... cuando me esforcé para no permitir que se turbara mi corazón. Quizá tú estés pasando por uno de esos momentos ahora.

Paso diario

Ya mismo... en voz alta... dale gracias a Dios por ser tu paz. Dale gracias por traer paz a tu matrimonio, a tu familia, a tu corazón y a tu mente.

Día 5

Manténganse libres del amor al dinero,
y conténtense con lo que tienen, porque Dios ha dicho:
«Nunca te dejaré; jamás te abandonaré».

HEBREOS 13:5, *NVI*

En el libro de Ezequiel, encontramos a los hijos de Israel, quienes estaban desesperados porque habían perdido (o pronto perderían) todo... su libertad, su país, su templo y, en el caso de muchos, sus vidas. En medio de esta desolación, Ezequiel les ofreció esperanza, mostrándoles que Dios estaba obrando. Finaliza su libro al llamar a la nueva Jerusalén «Aquí habita el SEÑOR».

Qué maravillosa declaración acerca de quién es Dios... ¡Él habita aquí! *No* servimos a un Dios que nos ha abandonado. Su mismo nombre significa que está presente.

Saber que mi Dios prometió no fallarme de ninguna manera, ni dejarme sin apoyo, fue el respaldo más increíble para mí el pasado año. Un día, estaba en la habitación del hospital y me encontraba un poco abrumada por algunos de los tratamientos. Bueno... ¡en realidad sentía un poco de autocompasión! No había nadie allí conmigo y me sentía muy sola... y un poco temerosa.

Entonces recordé el versículo en Hebreos y comencé a adorar al Dios que está presente. Comencé a darle gracias por no dejarme indefensa, ni abandonarme, ni sujetarme con menos fuerza. Ni siquiera puedo describir la paz que me sobrevino al darme cuenta de que a pesar de que parecía que estaba sola, no lo estaba. El mismo Dios que creó el universo estaba conmigo en esa habitación del hospital.

Qué maravilloso es que sirvamos a un Dios que nunca nos abandona. Está con nosotras a través de cada momento bueno y de cada momento malo... de cada momento de bendición y de cada momento de pérdida. Está con nosotras cuando tenemos temor. Está con nosotras cuando estamos confundidas. Siempre está aquí. Punto.

Estoy segura de que tú, al igual que yo, te has sentido sola a veces. Tal vez te sientas sola ahora. Toma un momento y acude a Dios que habita aquí. Porque lo está.

Paso diario

Anota un momento en el que sepas que Dios te ayudó. Y luego levanta las manos (en serio) y dale gracias a Dios porque estar allí es parte de su esencia. Dale gracias por ser el Dios que está siempre presente.

De una cosa podrán estar seguros:
Estaré con ustedes siempre, hasta el fin del mundo.

MATEO 28:20, *LBD*

Día 6

La Biblia entera nos fue dada por inspiración de Dios y es útil para enseñarnos la verdad, hacernos comprender las faltas cometidas en la vida y ayudarnos a llevar una vida recta. Ella es el medio que Dios utiliza para capacitarnos plenamente para hacer el bien.

2 TIMOTEO 3:16-17, *LBD*

Me encanta leer. Mi idea de unas vacaciones maravillosas involucra una playa y un buen libro o dos... ¡o diez! Leo libros que me enseñan, libros que me hacen reír, libros que me inspiran, libros que alimentan mi imaginación... y libros que me hacen llorar. A decir verdad, me encanta cuando un libro puede sacarme de mí misma y llevarme hacia un mundo nuevo por completo.

Disfruto de hablar con mis amigas acerca de los libros que leemos. Es más, justo anoche hablé con una amiga acerca de un libro que leí hace un tiempo, el cual le recomendé. Nos comportamos como típicas chicas hablando por teléfono... las dos hablábamos casi al mismo tiempo, mostrando entusiasmo sobre diferentes partes del libro: «¿Lloraste en esa parte?». «¿Te sorprendió el final?»

Sin embargo, de todos los libros que he leído, ninguno ha formado mi vida tanto como la Biblia. Lo interesante acerca de la Biblia es que aunque gran parte de ella contiene historias acerca de otras personas y otros sucesos, es muy personal. Quizá demasiadas personas conserven sus Biblias en un estante y nunca las abran para permitir que les hable Dios.

Su Palabra es su voz. Él anhela que tú y yo la abramos y nos familiaricemos con su voz. Mi tiempo con Dios siempre involucra la lectura de su Palabra. A medida que leo la Biblia, es casi como si Dios me invitara a su mundo bien grande y abriera la posibilidad de que su mundo pudiera transformar el mío. No es cuestión de cuánto lea, sino de cómo dejo que su Palabra le dé forma a mi día. Algunos días, leo bastantes capítulos, mientras que otros días solo algunos versículos.

Es probable que Dios no te hable con voz audible, que escriba en el cielo ni que utilice un mensaje en una botella para guiarte. Te hablará a través de su Palabra.

Su Palabra es el mapa de tu vida. Es tu sistema de posición global. Es tu sistema de navegación. Cuando viajas por la carretera y planeas llegar a un destino específico, es probable que no solo dirijas tu auto en cualquier dirección y arranques. No, me imagino que tienes un plan. Bueno, la Palabra de Dios es tu plan para la vida. Sin ella, nunca llegarás a donde quieres ir. Es muy fácil perderse en la autopista de la vida... pero no te pierdes si utilizas su Palabra como tu guía.

Paso diario

Hoy, comienza un plan de lectura bíblica. (Incluí uno al final del libro... o puedes crear uno propio). Lee una porción de la Palabra de Dios y deja que te hable.

Día 7

Den gracias al SEÑOR, porque él es bueno; su gran amor perdura para siempre. Que proclame el pueblo de Israel: «Su gran amor perdura para siempre». Que proclamen los descendientes de Aarón: «Su gran amor perdura para siempre». Que proclamen los que temen al SEÑOR: «Su gran amor perdura para siempre».

SALMO 118:1-4, *NVI*

A través de los años he recibido muchas cartas de amor de mi esposo, Philip (¡qué hombre tan maravilloso!). En estas cartas, describe su amor por mí, su agradecimiento por nuestra vida y lo que espera para nuestro futuro.

Mi corazón siempre se ablanda cuando leo las tiernas palabras de amor de Philip. A veces, incluso vuelvo a leerlas si no nos estamos llevando bien. Recuerdo la verdad de su amor... ¡en especial durante las épocas en las que no lo siento!

Bueno, tú y yo tenemos otra carta de amor para abrir. La Biblia es la carta de amor de Dios para ti y para mí. Una página tras otra revela el amor de Dios hacia nosotras. ¡Dios no está enojado contigo! Te ama con un amor que no tiene comparación. Descubrirás su amor a medida que leas su Palabra.

Dios amó al mundo de tal manera que envió a Jesús para pagar el precio por nuestras faltas (lee Juan 3:16). ¡Dios es amor y no hay nada que tú y yo podamos hacer que nos separe de su amor duradero y siempre apasionado! (Lee 1 Juan 4:16; Romanos 8:38). Cuanto más leo la Palabra de Dios, más me convenzo de su constante amor por mí.

Al leer historia tras historia acerca de cómo Jesús sanaba a los enfermos, me sentí amada y supe que su sanidad también estaba disponible para mí. Leí que si cuida de los gorriones, en verdad cuida de mí (lee Mateo 10:29, NVI). Leí que Dios prueba su amor por mí debido a que a pesar de que aún era una pecadora, ofreció a su Hijo en sacrificio (lee Romanos 5:8).

Y su definición de amor no es la definición que utiliza el mundo. El amor que se encuentra en el mundo tal vez sea temporal y se ofenda con facilidad... pero no es así con el amor que nos ofrece nuestro Padre.

Su amor jamás falla. Su amor es paciente. Su amor perdona. Su amor es eterno. Nunca dejará de amarte. Nunca.

Paso diario

Di en voz alta: «Mi Padre celestial me ama con amor que no tiene comparación. Nunca dejará de amarme».

Día 8

A principios de este año, me entrené a fin de participar en la Caminata Avon por la lucha contra el cáncer de mama. Sería un maratón, ¡así que mis caminatas de entrenamiento fueron laaaaargas! Una tarde en particular, caminaba por un sendero no muy lejos de mi casa y comenzó a anochecer. El sendero no estaba iluminado, y pronto empecé a tropezar con raíces de árboles, rocas... ¡y con mis propios pies! (¡Qué elegante!) No habría tropezado con esas cosas si el camino hubiera estado iluminado o si hubiera estado caminando durante el día.

Muchas veces en la vida, me he encontrado tropezando con decisiones porque no he dejado que la Palabra de Dios traiga luz. Su Palabra iluminará nuestro camino. Sin la iluminación de su Palabra, ¡podemos encontrarnos tropezando sin nada de gracia en la vida!

La Palabra de Dios no solo es la carta de amor más maravillosa, sino que también es nuestro manual de instrucciones para la vida. Todo lo que necesitamos saber acerca de cómo vivir una vida de éxito está incluido en su Palabra.

La Palabra de Dios es lámpara a nuestros pies... lo cual significa que provee iluminación para el próximo paso que debamos dar. En este viaje de la vida, habrá muchísimas veces en las que no sabremos en realidad qué hacer a continuación ni cuál decisión tomar. Eso en sí puede producir tensión y ansiedad. La vida está llena de preguntas.

Me he dado cuenta de que la Palabra de Dios es fiel par ayudar a iluminar el camino que tengo delante... el camino que debo tomar.

A lo largo de mi viaje de sanidad, me he enfrentado a decisiones, y cada una trajo un nuevo nivel de preocupación. Al leer mi Biblia, la paz entraba a mi corazón y la decisión que debía tomar parecía menos difícil.

Tengo dos adolescentes... *¡ijujú!...* y muchas veces me siento perdida y no sé cómo criarlos. Sin embargo, a medida que leo la Palabra de Dios y encuentro versículos acerca de la crianza, descubro las respuestas que necesito. Su Palabra ofrece en verdad soluciones. Nuestra tarea es encontrar las respuestas a medida que leemos la Biblia y luego hacer lo que dice.

Por supuesto, es más fácil decirlo que hacerlo. Leer acerca del perdón es más sencillo que perdonar. Leer acerca de amar a nuestros enemigos es más sencillo que hacerlo. Leer acerca de amar a Dios con todo nuestro corazón, nuestra alma y nuestra mente es más fácil que hacerlo.

Con todo, se comienza con la lectura. Lee su Palabra. Haz lo que dice. Y mira cómo cambia tu vida.

Paso diario

Busca un versículo de la Biblia que te ayude con una situación que enfrentas en este momento. (Tal vez puedas utilizar alguno de los que incluí al final del libro).

La explicación de tus palabras ilumina, instruye a la gente sencilla.

SALMO 119:130, *DHH*

Día 9

*Querido jovencito, escucha bien lo que te digo. Grábate
bien mis enseñanzas, y no te apartes de ellas, pues son una
fuente de vida para quienes las encuentran; son el remedio
para una vida mejor. Y sobre todas las cosas, cuida
tu mente, porque ella es la fuente de la vida.*

PROVERBIOS 4:20-23, *TLA*

«Hola, Holly, ¿qué estás haciendo?»

Es todo lo que tuve que escuchar para saber con exactitud quién
estaba al teléfono. Algunas de mis amigas no tienen que decirme quiénes
son cuando llaman... solo les reconozco la voz. Sus voces me son conocidas porque las he escuchado cientos de veces. Algunas tienen acentos
inconfundibles y otras tienen voces muy bajas. A pesar de eso, sé de
todas maneras quién es quién.

Uno de mis mayores deseos es llegar a estar así de identificada con
la voz de mi Padre. Sé que para que suceda eso, debo escucharla una y
otra vez. La manera en que podemos *sintonizar nuestros oídos a su voz*
es leyendo su Palabra hasta que nos resulte conocida.

Y lo maravilloso es que escuchar sus palabras y aprenderlas viene
con una promesa: *pues son una fuente de vida [...] y el remedio para una
vida mejor.* Mi tarea es escuchar y aprender la verdad de su Palabra...
lo cual a veces puede ser diferente de los hechos que me rodean.

El hecho es que me diagnosticaron carcinoma ductal infiltrante. La
verdad es que a Jesús lo hirieron para que yo pudiera sanar (lee 1 Pedro
2:24). El hecho es que estaba asustada. La verdad es que sus brazos

extendidos me protegen para que no tema nada... ni siquiera a la enfermedad. Si me aferro a Él, ¡me sacará de los problemas y me dará una larga vida! (lee el Salmo 91).

Leer la Palabra de Dios es escuchar su voz. Cuanto más escuchamos su voz, más nos familiarizamos con Él y podemos distinguir entre los hechos de nuestras circunstancias y la verdad de su Palabra.

Cuando el joven pastor David se enfrentó a los filisteos, escuchó los hechos acerca de su enemigo, Goliat. Hecho: Goliat era un gigante... hubiera dejado raquítico a Shaquille O'Neal. David era un joven. Hecho: Goliat tenía armas de primera. David tenía una honda usada. Hecho: Goliat tenía años de experiencia militar. David nunca antes había visto una batalla.

Sin embargo, todos esos hechos palidecieron en comparación a la verdad: Dios amaba a David y lo ungió para la victoria. Al leer la Palabra de Dios, descubrirás que tú lo estás también.

Paso diario

Anota los hechos acerca de una situación
en la que te encuentres y luego equilíbralos
con lo que dice al respecto la verdad
de la Palabra de Dios.

Día 10

Ustedes viven siempre angustiados y preocupados. Vengan a mí, y yo los haré descansar. Obedezcan mis mandamientos y aprendan de mí, pues yo soy paciente y humilde de verdad. Conmigo podrán descansar. Lo que yo les impongo no es difícil de cumplir, ni es pesada la carga que les hago llevar.

MATEO 11:28-30, *TLA*

A veces siento que debiera unirme al circo. No, no puedo domar elefantes (¡aunque puedo mantener una conversación con un adolescente, así que estoy bastante cerca!), y no, no puedo contorsionar el cuerpo para entrar en una caja de zapatos... ¡pero soy una campeona manteniendo platos en el aire! Tengo tantos platos en el aire que me sorprende. ¿Te identificas? Es probable. Está el plato de la mujer, el plato de la esposa, el plato de la mamá, el plato de la pastora, el plato de la escritora, el plato de la oradora y el plato de la amiga, todos girando al mismo tiempo.

Hay momentos en los que me siento un poco agotada. En ocasiones, me doy cuenta cuando estoy en la ducha (¡algunos días es el único lugar en el que puedo encontrar soledad!). Hace poco, tuve que hablar en un retiro de mujeres, lo cual significó un fin de semana lleno de mensajes... en otro estado. También tenía que terminar un libro (¡lo estás leyendo!), asistir a los partidos de baloncesto de mi hijo, planear reuniones de conferencias de *GodChicks*®, prepararme para tres reuniones de domingo, tenía una molesta pelea legal, una casa que manejar, y estoy segura de que mi esposo querría comer y tener relaciones sexuales en algún momento. ¿Y mencioné que todo esto sucedió durante los tratamientos diarios de radiación? ¡Esos sí que son muchos platos!

He aprendido que la única manera de manejar todos los platos que Dios me ha dado es volverme muy buena en mi caminar con Jesús. Cuando paso tiempo con Él, todo lo demás se pone en perspectiva. En lugar de entrar en pánico por todo lo que tengo que lograr hoy, en verdad estoy en paz. Es más, muchas veces me he levantado luego de hablar con Dios y he descubierto las respuestas a cómo lograr que encajen todas las piezas de mi día. Al darle a Dios ese tiempo, tal parece que Él me da más.

La religión quizá sea agotadora. No hay manera de que podamos cumplir todas las reglas. Y el enemigo, como los fariseos del Nuevo Testamento, quiere que nos sintamos culpables por no hacerlo todo bien. Jesús lo sabía, así que dijo que si la religión nos consume, lo único que debemos hacer es irnos con Él. Solo con Él podemos aprender *los ritmos espontáneos de la gracia.*

Descansa en Él, amiga mía. Pasa tiempo con Él y vivirás sintiéndote más ligera que nunca.

Paso diario

Nada más respira hondo y deja que la paz de Dios se establezca en ti. Durante sesenta segundos, solo quédate quieta. Luego pídele a Dios que dirija tu día.

Día 11

Ya no los llamo siervos, porque el siervo no está al tanto de lo que hace su amo; los he llamado amigos, porque todo lo que a mi Padre le oí decir se lo he dado a conocer a ustedes.

JUAN 15:15, *NVI*

---

amigo *sust*: persona que uno conoce, le agrada y en la que confía

conocido *sust*: conocimiento de una persona adquirido por una relación menos íntima que la amistad

Conozco a muchas personas. Reconocería a la persona que trabaja en la tintorería, al empleado de la tienda de comestibles y al cartero. Estas personas son conocidas. Les sonrío y tal vez tengamos una breve conversación. También tengo amigos... esas personas que conozco, que me agradan y en las que confío.

Todos los amigos que tenemos comenzaron siendo conocidos. No tiene nada de malo. El primer paso para que alguien conocido sea un amigo es pasar más tiempo con esa persona. El tiempo no se regula, pero sí es regular.

Algunas de mis amigas más íntimas viven en el otro extremo del planeta, así que nos hemos vuelto buenas mandándonos correos electrónicos y teniendo conversaciones telefónicas (¡a mi esposo le encantan las cuentas del teléfono!). También nos esforzamos muchísimo para conectarnos en persona con regularidad. Cuando Philip y yo nos conocimos, era un conocido, alguien que conocía mi compañera de habitación.

Sin embargo, venía a cada momento, y pronto nos hicimos amigos... y luego se desarrolló una relación incluso más profunda.

A fin de que se desarrolle cualquier relación, hay que invertir tiempo. Lo mismo sucede con nuestra relación con Dios. Es maravilloso que Jesús dijera que quiere ser nuestro amigo... más que un conocido... ¡nuestro amigo! Con el propósito de que suceda esto, debemos pasar tiempo para desarrollar la relación. ¿Cómo lo hacemos?

Bueno, oramos... tenemos una verdadera conversación que involucra hablar y escuchar. Lo adoramos... declaramos quién es: nuestro Dios, nuestro Protector, nuestro Consolador, nuestro Sanador, nuestra Paz y nuestro Proveedor. Leemos su Palabra.

Y como en cualquier amistad, el tiempo no se fuerza... se disfruta. No hay presión. Así que relájate, toma una taza de café... té... jugo de zanahorias... lo que sea... y acomódate para disfrutar de un tiempo con tu Dios, quien quiere ser tu amigo.

Paso diario

Elige un sitio cómodo y agradable a fin de que sea tu lugar habitual en el que te reúnas con Dios.

Día 12

Te alabo porque estoy maravillado, porque es maravilloso lo que has hecho. ¡De ello estoy bien convencido! No te fue oculto el desarrollo de mi cuerpo mientras yo era formado en lo secreto, mientras era formado en lo más profundo de la tierra. Tus ojos vieron mi cuerpo en formación; todo eso estaba escrito en tu libro.

SALMO 139:14-16, *DHH*

Me encanta este pasaje. ¿No te parece ver al rey David mirándose al espejo y dándole gracias a Dios por la forma maravillosa en la que le hicieron? Aunque sonrío al leerlo, es una verdad poderosa. Si más de nosotras tuviéramos una imagen clara de la manera maravillosa en la que nos crearon, quizá pasaríamos menos tiempo intentando ser otra persona.

Pasé bastantes años, o más bien perdí, intentando ser otra persona. Miraba a otras mujeres que eran maestras de los principios de Dios y pensaba que debía parecérmeles. Así que comencé a peinarme y a vestirme como ellas. Incluso intenté hablar de su mismo modo. De veras, era patético.

Al final, tuve un momento con Dios en el que me desafió. Sentí que me decía: «Holly, a esas mujeres les va bien siendo quienes son. No necesito que seas igual que ellas. Lo que necesito es que te transformes en la persona para la que te llamé». Me sentí tan agradecida al oír esas palabras de Dios que me quité enseguida los trajes conservadores que usaban mis heroínas y me puse la ropa original que me gusta usar.

Solo hay una como tú. Eres plena... incomparable... una creación única del mismo Dios. Nadie más puede hacer lo que Dios te ha llamado a hacer. Me pregunto si no le damos una bofetada cuando deseamos ser cualquier otra persona. Das lo mejor cuando eres *tú* misma, no lo que *crees* que la gente quiere que seas, sino lo que *eres* en verdad.

Debes volverte una experta en mirarte al espejo y que te guste la muchacha que ves. La forma en que estás hecha es maravillosa... ¡nunca lo olvides! Cuando Dios te hizo, rompió el molde. Él no comete errores. Eres única, preciosa e invaluable. Tu valor no tiene comparación.

Así que dirígete ahora mismo al espejo, mira tu rostro maravillosamente único y di: «Vaya... ¡Gracias, Dios, por hacerme justo como lo hiciste!». Y si en verdad te sientes valiente (¡o incluso si no es así!), date un pequeño silbido... ¡vamos!

Paso diario

No bromeaba con lo del espejo... ¡ve y hazlo!

Día 13

Yo soy Dios, tu creador; yo te formé desde antes que nacieras, y vengo en tu ayuda. No tengas miedo, querido pueblo mío, tú eres mi fiel servidor, tú eres mi elegido.

ISAÍAS 44:2, *TLA*

Me encanta ver las carreras de velocidad durante las Olimpíadas. En especial, me gustaba vera a Florence Griffith-Joyner... ¡me encantaba su estilo para nada convencional! El cabello largo, las llamativas vestimentas, las uñas largas... y el hecho de que era una ganadora. Estaba determinada a ser ella misma, y creo que esto (¡junto con mucho entrenamiento!) le ayudó a llevarse cuatro medallas en los juegos olímpicos de 1988.

Algo que noto en los velocistas es que deben correr en su propia calle. Es más, los descalificarían si decidieran correr en la calle de otro velocista. Con todo y eso, me pregunto: *¿Cuántas de nosotras intentamos ir por la vida corriendo en la calle de otra persona?* Se supone que todas hagamos grandes cosas en la tierra. Y a cada una de nosotras se nos dio distintos dones y distintos recursos con los cuales realizar esas grandes cosas.

Dios te dotó y te llamó a fin de que corrieras en la calle que te puso delante... no en mi calle ni en la calle de tu amiga. Tus dones y talentos no me ayudarían a cumplir mi propósito (salvo de que me sean de inspiración)... y mis dones y talentos no te ayudarían a ti.

A mí me fascina cantar. Es lamentable, pero nadie (aparte de Dios) quiere escucharme en realidad. Hubo veces en las que me convencí de que Dios había cometido un error y yo tenía que ser cantante... así que desperdicié muchas horas intentando dedicarme a algo que no era lo mío. Miraba a todas las adorables chicas cantantes y quería correr en su calle.

Estaba tan ocupada intentando correr en la calle de otra persona que ni siquiera me concentraba en lo que me llamaba a hacer Dios. ¿Por qué razón estoy aquí?

A menudo, pasamos tiempo irreemplazable deseando lo que tiene otra mujer. Como malinterpretamos nuestro propio valor, nos encontramos queriendo el valor de otra persona. Oprah, la conductora de televisión, nos da un excelente recordatorio acerca del tesoro que hay en nuestro interior: «Tienes un regalo que solo tú puedes darle al mundo: por eso estás en el planeta. Usa tu preciosa energía para construir una vida espléndida que esté a tu alcance. El milagro de tu existencia exige una celebración todos los días»[1].

Es bueno que otros corredores nos inspiren, pero recuerda mantener tu concentración en el porqué te creó Dios. El Dr. Martin Luther King, hijo, dijo: «Todos tienen el poder de la grandeza [...] no por la fama, sino por la grandeza, porque la grandeza la determina el servicio». Eres la fiel servidora de Dios. Tu tarea es comenzar la aventura de comprender en qué campo debes ser su servidora.

Paso diario

Anota tres cosas en las que te destaques...
y una cosa que te apasione.

Día 14

*Antes que yo te formara en el seno materno, te conocí, y antes que
nacieras, te consagré, te puse por profeta a las naciones.*

JEREMÍAS 1:5, *LBLA*

---

consagrar *v*: apartar para un propósito supremo

¡Qué pensamiento tan fantástico! Incluso antes de que vieras la luz del
día, Dios sabía todo sobre ti. Conocía tus fortalezas, tus debilidades,
tu potencial y tu personalidad. Y te aprobaba. No hace falta que te
ganes su aprobación... La has tenido desde antes de nacer.

Dios no solo te conocía, sino que también tenía grandes planes
para ti. Nada de mediocres planes promedios... sino *grandes* planes.
Te apartó para un propósito supremo. Tenía un camino trazado para
que lo descubrieras y anduvieras por él.

A muchos hijos (quizá a ti también) se les ha enseñado que son en
esencia renacuajos explotados, colocados al azar en la tierra, sin ningún
propósito específico en mente. Con esta clase de enseñanza en circula-
ción, no es de extrañar que muchas de nosotras nos sintamos sin propósito y que no valoremos en verdad la vida que se nos ha dado.

Te pusieron en el planeta con un propósito. No eres ningún acci-
dente... no importa lo que te puedan haber dicho las personas. Te
crearon para hacer algo específico. Una vez que descubras la misión
de tu vida, sentirás una sensación de propósito y tendrás confianza en
ti misma.

Tal vez sientas que tu vida... la vida que Dios diseñó para ti... la han interrumpido. Quizá algo hizo que te desviaras del camino... las heridas, la traición, la enfermedad. Déjame decirte algo: Nunca es demasiado tarde para volver a comenzar. Nunca es demasiado tarde para volver a entrar en la calle que Dios diseñó para ti. Él es el restaurador. Es el Dios de la segunda, la tercera y la milésima oportunidad.

Tu vida tiene valor. Cuanto antes te des cuenta de esto, con mayor prontitud podrás lograr un cambio en tu mundo. Y nos crearon para eso: para lograr un cambio. Todas lo haremos de distintas maneras... pero todas lograremos un cambio.

Al interpretar a William Wallace en la película *Corazón Valiente*, Mel Gibson dijo: «Todos los hombres mueren, pero no todos los hombres viven de verdad». ¡Haz que este sea un día en el que vivas de verdad!

Paso diario

Descríbele a una amiga la calle
que te asignaron para correr.

Día 15

El Señor no demora el cumplimiento de su promesa, como algunos suponen, sino que no quiere que nadie se pierda y está alargando el plazo para que los pecadores se arrepientan.

2 PEDRO 3:9, *LBD*

¿Alguna vez has sido impaciente? De acuerdo... ¡esa fue una pregunta tonta! ¿Cuándo fue la última vez que sentiste que esperabas demasiado?

Estoy esperando el día en que mi hijo se levante de un salto de la mesa y diga: «Mamá, ¿por qué no te sientas en el sofá y yo limpiaré la cocina?». Estoy esperando que mi esposo me dé el control remoto y diga: «Bueno, mira lo que tú quieras, querida». Estoy esperando que no haya tránsito en la autopista entre mi hogar y la oficina. Estoy esperando que los bizcochos de chocolate y nueces sean saludables para mí... y la lista continúa.

En 2 Pedro 3:8-9 se nos dice: «Para el Señor un día es como mil años, y mil años como un día. El Señor no demora el cumplimiento de su promesa, como algunos suponen». *Bueno, a veces sí*, pienso a menudo para mis adentros... *al menos, de acuerdo con mi agenda.* ¿No te sientes de la misma manera a menudo?

A decir verdad, Dios nunca se tarda. Tampoco llega temprano. Tal vez nos parezca que hace muchísimo tiempo que estamos esperando, pero Él cumple sus promesas (¡no necesariamente nuestros sueños disparatados!) justo a tiempo.

En este momento, estoy esperando la evidencia completa de mi sanidad del cáncer de mama. Dios nos ha prometido salud, así que sé que puedo contar con que cumplirá esa promesa. «Si escuchas atentamente la voz del SEÑOR tu Dios, y haces lo que es recto ante sus ojos, y escuchas sus mandamientos, y guardas todos sus estatutos, no te enviaré ninguna de las enfermedades [...] porque yo, el SEÑOR, soy tu sanador» (Éxodo 15:26, *LBLA*).

Él ha prometido que continuará y finalizará la obra que comenzó en ti: «Estoy seguro de que Dios, que comenzó a hacer su buena obra en ustedes, la irá llevando a buen fin hasta el día en que Jesucristo regrese» (Filipenses 1:6, *DHH*).

Solo sigue avanzando un poco más en el camino de la vida que te ha puesto delante... y Él se encargará de hacer la obra dentro de ti. Ha prometido que cubrirá todas tus necesidades: «Y Dios, de sus riquezas en gloria, les suplirá cualquier cosa que les falte en virtud de lo que Jesucristo hizo por nosotros» (Filipenses 4:19, *LBD*).

Otras personas tal vez rompan sus promesas, pero Dios jamás lo hará. Hagamos más que creer *en* Dios; vamos a creerle a Dios.

Paso diario

¿En qué esferas eres impaciente
en este momento? Pídele
a Dios que te perdone...
y luego repite Filipenses 1:6 en voz alta.

Día 16

Porque yo sé muy bien los planes que tengo para ustedes
—afirma el SEÑOR—, planes de bienestar y no de calamidad,
a fin de darles un futuro y una esperanza.

JEREMÍAS 29:11, *NVI*

bienestar *sust:* salud, felicidad y fortuna.

paz *sust:* satisfacción interna, serenidad

esperanza *sust*: anticipar con confianza o expectativa

Algunas personas le temen a Dios. Creen que está enojado con ellas. Algunas se imaginan a Dios como un ser distante y enojado. Tal vez hasta se lo imaginen buscando al azar a personas que se equivocan a fin de poder aplastarlas. A Dios le echan la culpa muchas veces. Sin embargo, quiero decirte algo... el Dios al cual servimos es *bueno*. Nos ama... de manera incondicional... sin importar si alguna vez lo amaremos o no.

Dios no está enojado contigo.

No importa de dónde has venido ni qué has hecho... Los planes de Dios para ti no han cambiado ni cambiarán.

Hace poco estuve hablando con una muchacha que me miraba con muchísimo dolor en los ojos. Fue víctima de abuso sexual y la hirieron durante tantos años que ahora vivía un estilo de vida que la avergonzaba... demasiada oscuridad y pecado. A sus ojos, estaba fuera del alcance de la redención. Imagina lo que sucedió cuando comenzó a escuchar que aunque tal vez se hubiera cansado de buscar a Dios, Él nunca se cansaría de buscarla. Imagina lo que sucedió cuando empezó a escuchar que Dios no solo la amaba, sino que también tenía un futuro lleno de esperanza planeado para ella.

Te diré lo que sucedió... una vida cambiada.

No sucedió de la noche a la mañana, pero poco a poco, luego de escuchar una y otra y otra vez que podía tener esperanza, comenzó a creerlo. Y cuando lo creyó, ocurrió la transformación.

He visto que la misma historia sucede muchas veces. Las vidas cambian una vez que se restaura la esperanza.

Me encantan las palabras que escribió Jeremías. Míralas... son los planes y los pensamientos de Dios para ti: salud, felicidad, fortuna, bienestar, satisfacción interna, serenidad, la capacidad de anticipar con confianza y expectativa. ¡Vaya! Nunca creas otra cosa.

Paso diario

Sé sincera contigo misma... ¿en verdad crees que los planes de Dios para ti son salud, felicidad, fortuna, bienestar, satisfacción interna y serenidad? La Biblia dice que es así. ¿Estás dispuesta a creerlo?

Día 17

Ahora que estamos unidos a Cristo, somos una nueva creación.
Dios ya no tiene en cuenta nuestra antigua manera
de vivir, sino que nos ha hecho comenzar una vida nueva.

2 CORINTIOS 5:17, *TLA*

Justo hoy le dije a mi esposo algo que no debería haberle dicho. Y ayer fui bastante desconsiderada con una amiga. Y anteayer descubrí que tenía un resentimiento (bueno... ¡fue uno pequeño!) contra alguien.

La semana pasada le dije algo acerca de alguien a otra persona, lo que no debí haber dicho... Estoy bastante segura de que Dios diría que eso es chisme. Y una vez, en la universidad, hice trampa en un examen. Además, durante una época en mi juventud le di la espalda a Dios.

Todas hemos cometido errores. Tal vez los tuyos se parezcan a los míos, o quizá no sean tan malos, o tal vez sean hasta peores. No importa. Todas nos descarriamos.

A veces somos nuestra peor enemiga. Si no tenemos cuidado, podemos encontrarnos llevando a cuestas una tonelada de culpas y luego preguntándonos por qué no somos libres.

Y también está mal cuando a veces intentamos echarles toda la culpa a los demás. Tal vez alguien que conozcas tuvo un pasado terrible y triste... drogas... promiscuidad... intentos de suicidio... abortos... la lista puede seguir.

Sin embargo, la Palabra de Dios dice que si alguno está en Cristo... es una nueva creación. Me encanta. Si *alguno*. Cualquiera. Sin importar qué clase de vida hayas vivido, sin importar lo que hiciste la semana pasada, si pones tu fe en Él... eres una nueva persona. Yo soy una nueva persona.

Lo que me hizo tropezar la semana pasada no tiene por qué ser lo que me arruine esta semana. Tu fe en Jesús te transforma en una nueva creación... limpia, completa, pura. No dejes que el enemigo ni cualquier otro te diga que no eres lo suficiente buena. Sin Jesús, ninguna de nosotras es lo suficiente buena. Con Él, somos nuevas por completo. Con Él, podemos vivir la vida para la que nos diseñaron.

Paso diario

Dale gracias a Dios porque no eres la misma persona que solías ser antes. Describe la nueva creación que eres ahora... escríbela (tal vez uses palabras como perdonada, sanada, libre de _____, llena de amor, paciente, etc.).

Día 18

*Se reviste de fuerza y dignidad, y afronta segura
el porvenir. Cuando habla, lo hace con sabiduría;
cuando instruye, lo hace con amor.*

PROVERBIOS 31:25-26, *NVI*

A menudo me pregunto qué cantidad de mi tiempo gasto pensando en las cosas que debiéramos hacer, o peor aun, en las que *debiéramos ser*.

«Tendría que hacer más ejercicio. Tendría que comer mejor. Tendría que administrar mi dinero. Tendría que esforzarme más para lograr que funcione esta relación con mi papá... hermano... mamá... amigo... compañero de trabajo. Tendría que pasar más tiempo con mis amigos. Tendría que ser una mejor amiga. Tendría que ser más apasionada... sincera... amorosa... alentadora... comprensiva».

La lista podría continuar durante días, *si* fuéramos sinceras con nosotras mismas. Creo que es una de las mayores tácticas del enemigo en nuestras vidas. Nos mantiene concentradas en todas las cosas que *debiéramos ser* en lugar de hacerlo en todas las cosas que *somos*. Mientras que Dios nos describe como somos en verdad... vestidas con fuerza y dignidad... afrontando seguras el porvenir. Dice que tus palabras son sabias... ¡vaya!... y que siempre hay amor en tu vida.

Así que ahí está. Tal vez no tengas bíceps sobresalientes (¡yo tampoco!), pero estás vestida por tu Creador con fuerza y dignidad, tanto en carácter como en el corazón. ¡Y puedes afrontar segura el mañana!

De modo que basta de preocupaciones por lo que *debieras* hacer... tienes libertad para reírte con tus amigas o con tus hijos sin contenerte, lo cual significa que eres libre en tu Creador para solo *ser*. Al conocer a Dios, también puedes conocer la sabiduría.

Proverbios 2:12 nos dice que la sabiduría nos librará: «La sabiduría te librará del camino de los malvados, de los que profieren palabras perversas» (*NVI*). Proverbios 3:13-14 afirma que la sabiduría tiene más beneficios que la plata y el oro: «Dichoso el que halla sabiduría, el que adquiere inteligencia. Porque ella es de más provecho que la plata y rinde más ganancias que el oro» (*NVI*).

La sabiduría ve a las personas donde están y es lo bastante amable como para apelar siempre al tesoro que hay dentro de sus corazones, de ahí que les permita *ser*. En tu alma hay un tesoro al que siempre apela tu Padre celestial.

Por lo tanto, amiga mía... busca la voz de la sabiduría y encontrarás todo lo que eres... y todo lo que necesitas.

Paso diario

Lee Proverbios 2 y 3. Anota cualquier versículo que te ayude a crecer en sabiduría hoy.

Día 19

Oh Señor, tú me has examinado el corazón y lo sabes todo respecto a mí. Sabes si me siento o me levanto. Cuando estoy lejos, sabes cómo es cada uno de mis pensamientos. Trazas la senda delante de mí, y me indicas dónde meterme y descansar. Cada momento sabes dónde estoy. Sabes lo que voy a decir antes que lo diga. Vas delante y detrás de mí, y colocas tu mano de bendición sobre mi cabeza. Esto es demasiado glorioso, demasiado admirable para creerlo.

SALMO 139:1-6, *LBD*

Recuerdo que jugaba al escondite con mis hijos cuando eran muy pequeños. Cuando les tocaba «esconderse», solía reírme. Solo se cubrían los ojos y pensaban que como no podían verme, yo no podía verlos. ¡Parecían muy sorprendidos cuando los «encontraba»!

Quizá haya habido épocas en tu vida en las que quisiste que Dios no estuviera mirando. Quizá intentaras esconderte de Él cerrando los ojos... ¡y es probable que te le quedaras mirando al igual que me miraban mis hijos a mí!

Sin embargo, supongo que la mayoría de nosotras está feliz de que Dios nunca nos pierda de vista. Este año he tenido una travesía espantosa, y a pesar de eso puedo tener paz porque Dios sabe todo acerca de mi peregrinación. Él va delante y detrás de mí. A cualquier parte que vaya, allí está. Nunca estoy sola. Estuvo conmigo cuando escuché el diagnóstico del cáncer. Estuvo conmigo en medio de algunos tratamientos difíciles.

Dios conoce todas las etapas de mi vida. También conoce todas las tuyas. Estará contigo en esa entrevista de trabajo. Estará contigo cuando le digas «acepto» al hombre con el que te cases. Estará contigo cuando el matrimonio atraviese una época difícil.

Estará contigo cuando des a luz. Estará contigo cuando tus hijos se gradúen del instituto... Estará contigo cuando tu nido quede vacío... Estará contigo cuando cargues a tu primer nieto. Estará contigo cuando des tu último suspiro. Estará contigo mientras entras a la eternidad. Nunca te pierde de vista.

Como dijera el salmista: «Esto es demasiado glorioso».

Paso diario

Describe la etapa de tu vida en la que te encuentras. Dale gracias a Dios por estar contigo en medio de esta etapa.

Día 20

Sean humildes y acepten la autoridad de Dios, pues él es poderoso. Cuando llegue el momento oportuno, Dios los tratará como a gente importante [...] Pero después de que ustedes hayan sufrido por un poco de tiempo, Dios hará que todo vuelva a estar bien y que ustedes nunca dejen de confiar en él; les dará fuerzas para que no se desanimen, y hará que siempre estén seguros de lo que creen. Recuerden que Dios nos ha elegido por medio de Jesucristo, para que formemos parte de su maravilloso reino. ¡Que Dios reine con poder para siempre! Amén.

1 PEDRO 5:6, 10-11, *TLA*

Durante algunos años, trabajé como actriz en Hollywood. Conocí a algunas personas excelentes, y la mayor parte del tiempo disfruté en verdad el trabajo. En serio, ¿a quién no le gustaría que la peinen y la maquillen todos los días?

También me gustaba el arte de la actuación. Era divertido transformarse en otra persona, aunque fuera por unos momentos. En un trabajo en particular, interpretaba a una joven que no era muy agradable. Para mantenerme en el personaje, aun entre tomas, adoptaba una expresión arrogante en el rostro. En otro trabajo, interpreté a una joven con un trastorno alimenticio, así que incluso entre tomas, conservaba una expresión un tanto obsesionada. En otra ocasión, interpreté a una joven con un lado malicioso. ¡Así que me divertí bastante siendo la alborotadora del plató ese día!

Sin embargo, aunque tal vez sea entretenido ser otra persona durante un momento, intentar vivir de esa manera es una pérdida de tiempo.

Esfuérzate por conformarte con la persona que eres. La mano de Dios está sobre la que eres de verdad... no sobre la persona que quisieras ser. Es cierto, todos debiéramos crecer y cambiar para superar las debilidades... pero no debiéramos perder ni un momento intentando ser otra persona.

Imagina a un equipo de béisbol. La lanzadora no pierde ni un momento quejándose porque no es la receptora. La chica que está en la primera base no se queja porque no es la lanzadora. En su lugar, todas estas jugadoras se esfuerzan para dar lo mejor en las posiciones que se les asignaron.

Recuerda, cuando Dios te hizo, rompió el molde. Eres única... incomparable. Confía en que tu Padre tiene su mano sobre ti. Él te ascenderá en el momento adecuado. ¡Él tiene la última palabra!

Paso diario

Piensa en si has tratado de ser otra persona.
¿Has estado interpretando un papel?
¿Estás usando una máscara?

Día 21

Porque no tenemos un sumo sacerdote incapaz de compadecerse de nuestras debilidades, sino uno que ha sido tentado en todo de la misma manera que nosotros, aunque sin pecado. Así que acerquémonos confiadamente al trono de la gracia para recibir misericordia y hallar la gracia que nos ayude en el momento que más la necesitemos.

HEBREOS 4:15-16, *NVI*

Fui una niña muy bendecida. Tuve (¡y tengo!) un padre terrenal que me ama. Todos los días me decía que me amaba. Sus brazos siempre estuvieron abiertos para mí.

Cuando estaba herida o tenía miedo, mi padre me envolvía con su abrazo. Solo podía correr hacia él y se cubrían la mayoría de mis necesidades. Desde pequeña, supe que el regazo de mi papá era uno de los lugares más seguros para estar. Podía acercármele con confianza.

Si no tuviste un padre que te abrazara con amor... ahora lo tienes. Ahora mismo puedes acercarte con confianza a tu Padre celestial. Sus brazos están bien abiertos. Toda la misericordia y la gracia que necesitas se encuentran en sus brazos. Está preparado... siempre... para ayudar. Nunca está demasiado ocupado. Tiene todo el tiempo que necesitas.

Tal vez haga falta valentía para acercarte a Él, porque nunca tuviste un padre que te amara... y tal vez pienses que tu Padre celestial es igual al que conociste. Quizá pienses que recibirás críticas, juicio y luego abandono.

No. No es así con tu Padre que está en el cielo.

Él te ama... justo como eres. Te ama y es muy consciente de tus imperfecciones. Te ama eternamente y sin falta. No hay nada que hayas hecho ni que vayas a hacer que pueda separarte del amor de Dios.

Así que vamos, acércate con confianza a tu Dios. Deja que te rodee con sus brazos y su amor.

Paso diario

Toma hoy una decisión de que cuando te acerques a Dios, lo harás con confianza... con confianza en que sus brazos están abiertos para ti... confianza en que Él quiere oírte... y confianza en que te ama.

Día 22

Mas Dios nos demostró la inmensidad de su amor enviando a Cristo a morir por nosotros, aun cuando éramos pecadores.

ROMANOS 5:8 *LBD*

Si Dios no nos negó ni a su propio Hijo, sino que lo entregó a la muerte por todos nosotros, ¿cómo no habrá de darnos también, junto con su Hijo, todas las cosas?

ROMANOS 8:32, *DHH*

Recuerdo el primer beso que compartimos con Philip... un poco de timidez, un poco de pasión y muchísimo cariño... todo mezclado cuando se tocaron nuestros labios. (Es más, ¡recuerdo que me pregunté si tenía buen aliento!)

Me encanta el final de un cuento de hadas cuando se besan el héroe y la heroína. Algo sucede cuando dos personas intercambian el beso del verdadero amor.

Al final de la película *Shrek*, vimos cómo el héroe, Shrek, besa a Fiona. Hubo muchas peleas, estrellas, polvo mágico y música romántica... ya sabes, un verdadero momento de Hollywood.

Fiona tenía la tendencia desventurada a transformarse en un ogro al caer la noche, y se suponía que este beso, el beso del verdadero amor, según la historia, la mantendría en su hermosa forma humana. Sin embargo, cuando se desvanece el polvo de estrellas, sigue siendo un ogro.

Al mirar a Shrek, Fiona estaba un poco triste, porque dijo que se suponía que el beso debía volverla hermosa. Shrek la miró con ternura a los ojos y le dijo: «Pero si eres hermosa».

Dios besó a la humanidad al enviar a Jesús. Y debido a Jesús, somos hermosas a los ojos del Padre.

A veces, debido a lo que has pasado en la vida, tal vez no te sientas hermosa... pero el beso del cielo, el beso de tu Padre celestial, te ha hecho hermosa.

Su beso tierno te toca. Sus ojos se posan sobre ti con verdadero amor... un amor que no tiene comparación. Su beso declara tu belleza. Su beso declara tu valor. Su beso declara que estás perdonada.

Eleva tu rostro y deja que el beso del verdadero amor... el que más importa, el beso celestial... lo toque.

Paso diario

Cierra los ojos y agradece por haber recibido el beso del cielo.

Bésame una y otra vez, pues tu amor es más dulce que el vino.

Cantares 1:2, *LBD*

Día 23

Hijas de reyes hay entre tus damas nobles.

SALMO 45:9, *LBLA*

Me encanta una buena película para chicas. ¡En especial porque la mayoría termina con una versión de «felices para siempre»! Y, en realidad, no me parece que eso tenga nada de malo. Me concentré en ver a conciencia *Por Siempre Jamás* y *Una Cenicienta Moderna* con mi hija. Me encantó el hecho de que en algún momento de la película, las dos chicas tuvieran coronas en la cabeza. Esos eran cuentos de hadas... o al menos versiones modernas de un cuento de hadas. Tú, amiga mía, eres una princesa, y esto no tiene nada que ver con los cuentos de hadas. La *realidad* es que eres una hija del Rey, próspera, con un estilo precioso y amada sin medida.

El profeta Ezequiel pintó una imagen maravillosa de lo amada y valorada que eres. Esta es mi versión de lo que dijo: Dios no le teme a los desastres que te rodean. Puede que te hayan abandonado, maltratado, ultrajado. Quizá todavía te encuentras en esta situación. A lo mejor nadie en tu mundo te ha tendido una mano de compasión. No importa... Dios siempre viene al rescate. Entra en medio de tu desastre, te toma de la mano, hace que crezcas, que florezcas... que cambies. Incluso ha hecho un pacto inquebrantable contigo al decir que eres suya. Lava tus heridas, limpia tu pasado y te unge para tu futuro. Te ha vestido con las prendas reales más finas y te ha adornado con joyas excepcionales. Para terminar su gloriosa creación, coloca una corona en tu hermosa cabeza.

Una corona.

Nada de harapos, sino ropas reales y una corona. Cuando tu Padre te mira, te ve con una corona en la cabeza. Perteneces a la realeza. Eres una princesa. Ser su hija te *transforma* en una princesa... sin importar cómo te sientas... sin importar cuál sea tu pasado.

Algo maravilloso sucede en nuestro corazón de niña cuando nos damos cuenta de la verdad. Nuestra vida de princesa no es un cuento de hadas; es un hecho. Somos las amadas sin medida hijas de un Rey.

Paso diario

Bueno... esto quizá parezca extraño,
pero hazlo de todas maneras. Busca una corona,
cualquier corona... Puede ser de un lugar de
comida rápida, de un disfraz de plástico o puede
estar llena de piedras... póntela en la cabeza.
Solo por unos momentos, considera cómo
te ve Dios en verdad (¡no olvides quitártela
antes de irte a trabajar!).

Día 24

*El Señor es mi herencia, mi premio. Es mi alimento
y mi bebida, mi mayor gozo. Él cuida cuanto es mío.
Se encarga de que se me den placenteros arroyos
y praderas. ¡Qué magnífica herencia!*

SALMO 16:5-6, *LBD*

¿Recuerdas la agonía de la educación física en la escuela primaria?

Los juegos no eran tan malos; lo doloroso para la mayoría de las personas era el proceso de la selección de los equipos. Soy una persona bastante atlética, así que siempre era una de las primeras en que me eligieran en la mayoría de los equipos (¡al menos, una de las primeras chicas!). Había una sensación de mucho valor y alivio (¡!) cuando escuchaba que decían mi nombre.

Sin embargo, recuerdo que me sentía muy triste por algunas personas a las que siempre las elegían últimas. Y, en efecto, recuerdo que los capitanes decían cosas como: «Es tu turno [dirigiéndose al otro capitán] de quedarte con fulana y fulana de tal; son malísimas».

Sí, ya era bastante malo para esas niñas que las eligieran en último lugar, pero era del todo humillante que los demás hablaran acerca de lo patéticas que eran. (Por supuesto, ¡es probable que las niñas elegidas al final sean directoras ejecutivas de empresas importantes!)

¡La buena noticia es que Dios te eligió primero! No suspiró y luego dijo: «Bueno, supongo que debo elegirte». De ninguna manera. Cuando elegía a sus equipos, te miró sin desviarse y quiso que estuvieras de su lado. Te creó con dones, habilidades y talentos, sabiendo que a su equipo le faltaría algo si no estuvieras en él.

Y luego, además de hacerte un miembro del equipo, te transformó en su heredera... y te dio tu porción de la herencia.

heredar *v*: recibir (una propiedad o un título, por ejemplo) de un antepasado mediante sucesión legal o testamento

Parte de la herencia de Dios para ti es un nuevo título. Te llama «princesa». Te eligió primero y luego te preparó para que tuvieras éxito como su heredera.

De todo lo que tiene, te ha dado un amor incomparable, aceptación, dignidad, prosperidad, salud, valor... ¡y el cielo! Esta es tu herencia.

Como su hija... su princesa... tienes derecho a todo lo que tiene Él. ¿Lo tomarás?

Paso diario

¿Cuál crees que es tu aporte al equipo de Dios?

Día 25

Escucha, hija, presta atención e inclina tu oído; olvídate de tu pueblo y de la casa de tu padre. Entonces el rey deseará tu hermosura; inclínate ante él, porque él es tu señor [...] En lugar de tus padres estarán tus hijos.

SALMO 45:10-11, 16, *LBLA*

«No comprendes, Holly, me hicieron algunas cosas horribles. Es imposible que sea una princesa. Mi padre abusó de mí durante cinco años cuando era niña; mi mamá fingía que no sucedía nada. No le importaba a nadie; en realidad, ni siquiera me veían. Durante muchísimos años detesté ser mujer, y en mi juventud me convertí en artista de *striptease*. Utilizaba mi cuerpo para atraer a los hombres... y los detestaba mientras tanto».

He escuchado esta historia (o una parecida) muchas veces. En verdad, me rompe el corazón. A una joven, creada como hija del Rey, la lastiman y la maltratan los que debieran darle el amor de Dios.

Sí, muchas tenemos historias parecidas a esta. Sin embargo, no cambia lo que somos. Nada que hayas hecho te inhabilita para ser una hija de Dios.

Tu desafío es dejar atrás tu pasado. Ese es el desafío que plantea el salmista en este pasaje. Olvida de dónde viniste; deja tu hogar y tu pasado... con todas las heridas y demás... atrás.

Tal vez tuviste que pasar algunos años terribles. No digo que finjas que no sucedieron; lo que digo es que no dejes que el dolor del ayer te aparte del futuro hermoso que Dios ha diseñado para ti.

Demasiadas veces, dejamos que el pasado limite nuestro futuro... aun si tuvimos un buen pasado. Tal vez tuvieras épocas excelentes en el pasado... sacaras las mejores notas, ganaras un concurso de belleza, dieras un discurso maravilloso, obtuvieras una beca, anotaras el enceste ganador, lo que sea. Si no tienes cuidado, esos días se transformarán en los «buenos tiempos del ayer» para ti y no podrás concentrarte en dirigirte hacia donde Dios quiere llevarte.

Debes estar aquí... en el presente. ¡Tu Rey está loco por ti!

Luego, comienza a concentrarte en el mañana... eso es lo que quiere decir «en lugar de tus padres estarán tus hijos». En vez de sentir culpa, de estar ansiosa o agobiada por la persona que solías ser, concéntrate en quién eres y en quién te estás transformando.

Es más, tenemos una obligación como hijas del Rey de dejar atrás nuestro pasado y sonreírle a nuestro futuro (lee Proverbios 31:25).

Paso diario

Lee Filipenses 3:13-14.
¿Cómo puedes aplicar este
pasaje a tu vida hoy?

Día 26

¿Por qué gritas tanto? ¿Acaso no tienes rey? [...] Ahora
muchas naciones se han reunido contra ti [...] Pero ellas
no saben lo que piensa el SEÑOR, ni comprenden sus designios;
no saben que él las junta como a gavillas en la era.

MIQUEAS 4:9, 11-12, *NVI*

Estaba sentada en mi cama, intentando no enloquecer frente al hecho de que me habían diagnosticado con cáncer.

En otros momentos, también había estado al borde de la desesperación (donde sea que quede ese lugar) acerca de cómo tratar a mi hijo adolescente.

Hubo días en que me sentí abatida en medio de otra crisis matrimonial. He llorado por la injusticia que veo expuesta alrededor del mundo. Y, al igual que tú, mi corazón se ha roto por la traición de amigos.

Hay momentos en los que todas hemos sentido como si nuestra vida girara fuera de control. Estoy segura de que has vivido momentos en los que estuviste confundida y no supiste qué hacer.

Tal vez tu familia atravesaba una crisis... y no podías vislumbrar el fin de tus problemas. Tal vez estabas asustada y no sabías si en verdad podías realizar el trabajo para el que te contrataron. Quizá no sabías qué hacer con tus padres envejecidos. La vida está llena de desafíos... Jesús nos lo dijo. Aun así, la gran noticia es que... ¡tenemos un Rey! Me encanta este pasaje en Miqueas. Lo he escuchado en mi corazón muchas veces.

«Oye, Holly... ¿por qué lloras? ¿Por qué te desesperas? ¿Acaso no sirves al Rey supremo?»

Así es.

No estoy sola... el Rey más poderoso de todos no está ni a un suspiro de distancia.

Eso significa que puedo acercármele como su hija y confiar en que me ayudará a enfrentar los momentos difíciles.

También te ayudará a ti. Enviará a su Espíritu Santo para traerte consuelo. Si lo pides, te dará la sabiduría que necesitas no solo para atravesar lo que estés pasando en el momento, sino también para ayudar a otra persona a superarlo.

Hija, seca tus lágrimas... hay un Rey que vive en medio de ti.

Paso diario

*Respira hondo, eleva tu rostro hacia
el cielo e invoca a tu Rey.*

Día 27

Señor, ¡cuánto te amo! Porque has hecho tantas maravillas en favor mío. El Señor es mi fortaleza, en la que puedo entrar y estar a salvo; allí nadie podrá entrar a matarme. Él es la áspera montaña donde me oculto; es mi Salvador, la Roca en que nadie puede alcanzarme; torre de salvación. Él es mi escudo. Es como el cuerno poderoso de un toro de lidia. Basta que clame a Él para ser librado de todos mis enemigos. ¡Alabado sea el Señor!

SALMO 18:1-3, *LBD*

De pequeña, sabía que me amaban y que solo podía correr a la presencia de mi papá. Sabía que supliría cualquier cosa que necesitara. Sabía que me amaba y que se deleitaba en mí. No tenía que hacer nada para ganarme su amor.

Sin embargo, en mi juventud, casi nunca le pregunté a mi papá qué podía hacer por él. Solo me interesaba lo que quería obtener de él. Eso está bien para una niña, pero como adulta, de vez en cuando le pregunto a mi papá si puedo hacer algo en su favor. ¿Necesita una taza de café? ¿Un vaso de agua? ¿Un abrazo? Lo que sea.

Tengo una hija, Paris, y está muy segura del amor de su papá. Acude a su lado con libertad para muchas de sus necesidades... cosas para su caballo... información acerca del baloncesto... afecto... dinero... una conversación... un abrazo... ¡y muchísimo amor!

En este momento, se encuentra en la transición entre una mujer y una niña, y *de vez en cuando* piensa en lo que le gustaría a su papá. Mi oración es que con el tiempo, piense cada vez más en los demás... no solo en sus necesidades.

Creo que lo mismo sucede con Dios. Todas acudimos a Él como hijas, pero en algún momento necesitamos hacer la transición de una niña a mujer.

Mi amiga Bobbie Houston lo dijo de esta manera: «Nos transformamos en enamoradas de Dios cuando procuramos descubrir el salón del trono». Una mujer entra al salón del trono con confianza en su posición. Entra con la seguridad de que su Padre siempre satisface sus necesidades, y con todo, no entra a fin de obtener, sino para dar.

Entra para amar al Padre. Busca su corazón, no solo su mano, y le pregunta: «¿Qué puedo traerte? ¿Qué puedo hacer por ti, Padre? ¿Qué puedo hacer para ayudar a construir tu reino?».

Sí, somos princesas... pero seamos princesas adultas.

Paso diario

¿Cómo te ves en la forma en la que te acercas a Dios? ¿Eres la princesa niña o la princesa mujer... o quizá tengas un poco de las dos?

Día 28

¡Levántate y resplandece, que tu luz ha llegado!
¡La gloria del SEÑOR brilla sobre ti! Mira, las tinieblas
cubren la tierra, y una densa oscuridad se cierne sobre los pueblos.
Pero la aurora del SEÑOR brillará sobre ti; ¡sobre ti se
manifestará su gloria! Las naciones serán guiadas por tu luz,
y los reyes, por tu amanecer esplendoroso.

ISAÍAS 60:1-3, *NVI*

Debo decírtelo: ¡Me fasciiiiiina eso de ser princesa! Me divierto muchísimo con esta idea cuando estoy con mis amigas y nos hacemos una pedicura, un nuevo peinado o recibimos un increíble servicio en un restaurante elegante.

He ido a maravillosos balnearios en los que parecía que cada parte de mi cuerpo recibía un tratamiento... al mismo tiempo... ¡y me encantó! En serio... ¿Quién no lo hace?

Para ser sincera, no veo ninguna razón por la que no me debieran encantar los lujos de la vida. Después de todo, ¡soy una hija del Rey! ¡Y también tú! Aun así, nunca podemos confundir el porqué Dios nos hizo princesas en esta época de la historia. No somos princesas para que nos sirvan, sino para servir.

La instauración original de las familias reales en toda la tierra se hizo con el propósito de servir a la humanidad. Los que pertenecen a la realeza son, en parte, un cuerpo guardián sobre las personas que gobiernan. No importa si los miembros actuales de la familia real se han desviado de su propósito o no, nosotras no podemos desviarnos del nuestro.

Como tú y yo somos princesas de la familia real más grandiosa de todas, debemos comprender nuestra responsabilidad de servir a la humanidad. Esta comprensión viene al entender nuestra función y al reconocer que tenemos acceso a todo lo que tiene el Padre para dar con libertad lo que ya se nos ha dado[2].

Así que, princesa... levántate y resplandece, que tu luz ha llegado... la gloria de tu Rey brilla sobre ti. ¿Por qué? Porque la oscuridad cubre a la tierra y a la gente que habita en ella.

Tu Rey puso luz en ti para que otros puedan ver... para que vean su gloria, para que vean su amor... para que lo vean a Él... y para que luego logres guiar a los perdidos y heridos hacia Él.

Sí, eres una princesa. Toda la atención está centrada en ti... y a la vez, lo contrario es cierto.

Paso diario

¿Quién en tu mundo necesita entender
de verdad que eres la invaluable
hija de un Rey? Ve y díselo.

Día 29

La novia, la preciosa princesa, una hija real, luce espléndida. Aguarda dentro de su habitación, vestida con un traje tejido con oro. Con las prendas más finas, la llevan ante el Rey. Sus amigos y compañeros la siguen en el palacio real. ¡Qué procesión más alegre, entusiasta y animada a medida que entra al palacio! Se presenta ante el Rey, ¡quien está loco por ella!

SALMO 45:13-15, ADAPTACIÓN DE LA AUTORA

Hace algunos años, enseñaba en una conferencia y se me acercó una joven. Me dijo que el año anterior en esa conferencia en particular, le enseñé acerca de ser una princesa. Me recordó que les coloqué coronas de plástico a algunas de las mujeres de la audiencia para ilustrar lo que quería decir. Dijo que cuando lo hice, se le hizo la luz... y lo comprendió. Necesitaba entender su posición real y lo que implica a fin de ser una ilustración para los demás.

Unos meses más tarde, realizó un viaje misionero al este de África. Colocó varias coronas en su maleta (¡nunca te vayas de tu hogar sin al menos una!). Tuvo la oportunidad de ministrarles a algunas jóvenes... y me mostró una fotografía. La fotografía hizo que brotaran las lágrimas en mis ojos. Había un grupo de jóvenes mujeres africanas, sentadas en una choza de barro, con coronas en la cabeza. Les enseñaba todo acerca de su valor.

¿No es genial?

Tú y yo tenemos la obligación de vivir la vida como princesas. Y no es solo por nosotras. Es para que nuestras *amigas y compañeras nos sigan hacia el castillo real.*

Cuando comprendes que eres la amada sin medida hija del Rey, vivirás de otra manera. Sabrás cuál es tu valor y no dejarás que nadie te trate como menos que a una hija real. No abusarás de los demás ni de tu propio cuerpo... porque las princesas reales no se comportan de esa manera. Cuando comprendes que estás diseñada para servir a la humanidad como princesa de Dios, puedes dar con libertad... y tienes la obligación de hacerlo.

Además, cuando lo sabes, esto influirá en las mujeres que forman parte de tu ámbito... las cuales a su vez influirán en las mujeres del suyo... hasta que con el tiempo, dé la vuelta al mundo.

Imagina un planeta en el que todas las mujeres entiendan cuál es su valor y sepan que son las hijas amadas e irremplazables del Rey. ¡Fantástico!

Paso diario

¿Cómo sería tu mundo si las mujeres
que viven en él comprendieran
que son princesas del Rey?

Día 30

Con paciencia esperé que Dios me ayudara; entonces Él oyó y escuchó mi clamor. Me sacó del abismo de la desesperación, del pantano y del lodo; puso mi pie sobre senda dura y firme, y me serenó mientras yo proseguía mi camino. Me ha dado un nuevo cántico para que lo entone, con alabanzas a nuestro Dios. Ahora muchos oirán de las cosas admirables que Él hizo en mi favor; asombrados estarán ante el Señor, y en Él pondrán su confianza.

SALMO 40:1-3, *LBD*

Miraba un programa de televisión donde el héroe quedaba atrapado en un pozo de arenas movedizas o barro que poco a poco lo arrastraba hacia abajo. Cuanto más se sacudía, más rápido se hundía. Al final, se quedó quieto y gritó pidiendo ayuda. Su amigo lo escuchó, vino y, con la ayuda de una cuerda, lo sacó despacio del fangoso pozo.

De vez en cuando, he entrado al charco de barro, pero nunca he estado inmersa del todo en un pozo literal de barro y lodo. Parece muy asqueroso. Sin embargo, he estado sumergida en el abismo de la desesperación. En realidad, varias veces. Una de las veces fue cuando mi matrimonio estuvo en su momento más oscuro. Otra vez fue cuando mi médico dijo que el bulto era un cáncer.

Sabía lo suficiente como para darme cuenta de que necesitaba acudir a Dios en esos momentos. Y cuando lo hice, me levantó y me sacó de mi abismo de la desesperación. Comprendí que el hecho de que me sacara y pusiera mi pie sobre senda dura y firme no era solo por mí... sino también para que otras princesas a mi alrededor pudieran tener la esperanza de que las sacaran del pozo.

A muchas mujeres se les ha alentado a seguir esforzándose en sus matrimonios porque me vieron pasar de la desesperación a la senda firme. Y hay mujeres que se han quedado atónitas al ver cómo manejo el viaje del cáncer. Mi fe en Dios ha hecho que pongan su confianza en Él.

Y de eso se trata.

No importa en qué pozo estés metida... tu Dios te sacará porque te ama... y porque ama a las mujeres que observan a fin de ver cómo lo afrontas.

En el libro de Hechos, leemos la historia de cómo arrojaron a Pablo y Silas en la prisión. Y mientras estaban en la prisión, cantaban alabanzas a Dios. Supongo que podrían haberse quejado porque el trato no era justo, porque los encarcelaron por error o algo por el estilo. Sin embargo, no... en medio de la asquerosa celda de la prisión, alabaron a su Dios. Y un versículo nos dice que los escuchaban los demás prisioneros. Me imagino que estos prisioneros también recibieron aliento.

¿Sabes una cosa, princesa? En tu mundo hay prisioneros... y te observan.

Paso diario

*¿Sientes la obligación de vivir
la vida como una hija del Rey?
¿Quién te observa en tu mundo?*

Día 31

Ciñe tu espada sobre el muslo, oh valiente [...] En tu majestad
cabalga en triunfo, por la causa de la verdad, de la humildad y
de la justicia; que tu diestra te enseñe cosas tremendas.

SALMO 45:3-4, *LBLA*

Majestuoso, marcha a vencer, por la verdad, humildad
y justicia. ¡Adelante, a proezas asombrosas!

SALMO 45:4, *LBD*

Antes, no me gustaba demasiado el capítulo treinta y uno de Proverbios... sobre todo porque describe a la mujer como «virtuosa». Y para mí, eso parecía débil y poco convincente. Se parecía a describir a Jesús como manso y humilde, cuando en realidad es un temible guerrero... como Mel Gibson en *Corazón Valiente* o Viggo Mortensen en *El señor de los anillos*... solo que mejor.

Bueno, descubrí que «virtuosa» en realidad significa «una fuerza en la tierra»[3]. ¿Qué te parece? La «mujer virtuosa» de Proverbios 31 es como su Creador: ¡una temible guerrera! Es una mujer que tiene una profunda conexión con las personas, una mujer con los medios para ayudar a proporcionar una vida increíble y una mujer con una fuente de recursos a donde recurrir en tiempos de necesidad. No solo tienes una corona en la cabeza... ¡tienes una espada en la mano!

El salmista nos dice que debemos ganar la victoria por lo que es verdadero y justo. Somos guerreras en la tierra, enviadas para defender la verdad y la justicia.

¿Qué significa ser guerrera? ¿Cómo puedo transformarme en esta guerrera? ¿Cuáles son las cualidades de un buen soldado?

Una guerrera tiene valor.

valor *sust:* el estado o la cualidad de la mente o el espíritu que permite enfrentar el peligro y el temor con serenidad, confianza en uno mismo y determinación; valentía

A Estados Unidos se le llama «el hogar de los valientes». Si alguna vez necesitamos que las personas fueran valientes, es ahora. Miles de estadounidenses han arriesgado sus vidas para ayudar a las personas que sufren en partes asoladas del país y en el resto del mundo. Como no estaban dispuestos a hacer la vista gorda, dejaron la comodidad, se remangaron e hicieron lo que pudieron... valientes. Tal vez perdonaste a alguien cuando lo que querías hacer era darle un puñetazo... valiente. Tal vez tuviste una conversación incómoda con alguien, mientras que hubieras preferido retraerte... valiente. Tal vez volviste a arriesgar el corazón... valiente.

Eres una guerrera. Te diseñaron para ser valiente.

Paso diario

¿Qué es lo que te da miedo hacer?
¿Es hora de ser valiente y hacerlo?

Día 32

Se levanta cuando aún es de noche, y da alimento
a los de su casa, y tarea a sus doncellas.

PROVERBIOS 31:15, *LBLA*

Aprendí una lección interesante en la feria de la ciencia de mi hija. Resulta que en los años de 1990, unos científicos se juntaron y crearon un ambiente artificial llamado «Biosfera 2». Vivieron dentro de ese ambiente durante dos años... sin una cafetería ni una zapatería (¿quién tuvo la brillante idea? ☺). En esta atmósfera autónoma generaron casi todos los estados de clima, con la excepción del viento. Debido a la falta de viento, al poco tiempo los árboles comenzaron a doblarse, a contraerse e incluso a quebrarse.

Me di cuenta de que no somos demasiado diferentes que los árboles (con la excepción de la corteza en la piel). Sin la presión del viento, los troncos de los árboles se debilitan demasiado, incluso para sostener su propio peso. De la misma manera, si no sobrellevamos el viento de las tormentas en nuestra vida, no tendremos suficiente fuerza para sostenernos mientras crecemos. Enfrentar y soportar los vientos de cambio y adversidad forja la fuerza en nuestro carácter y nuestro corazón.

Me gusta dormir «cuando aún es de noche», así que no me agradaba demasiado este versículo. Bien, ¡tengo una buena noticia! Luego de estudiar un poco, descubrí que este versículo tiene más significado que la hora del día en la que te levantas. Me alegró escucharlo... ¡aunque lo que significa es de seguro bastante desafiante!

Este versículo habla acerca de ti... la guerrera... que se levanta en medio de la adversidad, en medio del caos, en medio de los problemas, en medio de los momentos oscuros. A ti, esta maravillosa fuerza en la tierra, te diseñaron para ser la que se levanta con valentía cuando los demás se desesperan. (Tal vez levantarse temprano parezca más fácil ahora ☺).

Al dejar que te supere el temor, no solo te limitará, sino que también podría dañar a otros. Es necesario que dejemos de mirarnos a nosotras mismas y seamos las guerreras que pelean por una familia, una ciudad y un mundo que necesita con desesperación ver la valentía en acción. Hay momentos en los que todas sentimos temor. El valor es hacer lo debido a pesar del temor.

Los ojos de nuestro Padre están mirando toda la tierra en busca de sus princesas guerreras... de una mujer que esté dispuesta y que sea lo suficiente valiente como para levantarse en medio de la oscuridad... tomar la decisión difícil... arriesgar su tiempo por otra persona... contar su historia para que otro pueda ser libre. Vamos, levanta la mano... ¡eres la mujer que busca Él!

Paso diario

Piensa en una persona que conozcas que
se levantó en medio de un momento difícil.
¿Cuáles son las cualidades que posee
que le dan el valor para levantarse?
¿Esas cualidades están presentes en ti?
¿Cuáles necesitas fortalecer?

Día 33

*Por mi parte, ya estoy a punto de ser ofrecido como
un sacrificio, y el tiempo de mi partida ha llegado.
He peleado la buena batalla, he terminado
la carrera, me he mantenido en la fe.*

2 TIMOTEO 4:6-7, *NVI*

Una de las primeras mujeres que realizó el viaje a través de las Montañas Rocallosas fue Narcissa Whitman. Corría el año de 1836, y ella viajaba con su esposo y otra pareja. Su vida, así como la vida de toda pionera, fue difícil.

Narcissa y Marcus trabajaban juntos para llevarles el evangelio de Jesucristo a los nativos, el pueblo cayuse. Alrededor de diez años después, muchos de los nativos murieron debido a una epidemia de sarampión. Comenzaron a acusar a los Whitman de usar el mal para matar a su pueblo, y el temor comenzó a crecer en medio de ellos.

Varios nativos entraron a la fuerza a la casa de los Whitman y asesinaron a Marcus y a Narcisa. Según los registros, algunas de sus últimas palabras fueron: «Dile a mi hermana que morí en mi puesto».

Los guerreros permanecen en sus puestos.

No creo que Dios siempre demande que muramos en nuestro puesto, pero sí creo que exige que permanezcamos en nuestro puesto. No sé qué puestos te asignaron, pero sé cuáles son los míos. Tengo el puesto de esposa, así que aun cuando Philip me haga enojar o hiera mis sentimientos, no puedo escaparme con el primer hombre atractivo que se me cruce.

Se me asignó el puesto de madre, por eso cuando mis hijos se portan peor que nunca, no puedo abandonarlos ni enviarlos en un barco para Siberia (¡aunque me vea tentada!).

También estoy en el puesto de pastora, de modo que debo permanecer fiel, incluso cuando me desilusionen las personas.

Tengo el puesto de amiga, así que dedico tiempo a mantenerme en contacto con todas las personas maravillosas alrededor del mundo que Dios ha puesto en mi camino.

También tengo el puesto de maestra, de manera que por más que quiera jugar todo el día, no lo hago, porque tengo que preparar mensajes.

Todas las guerreras buenas y fieles permanecen en el puesto que se les asignó.

Paso diario

¿Qué me dices de ti? ¿Puedes permanecer fiel en los puestos que te ha encomendado Dios?

Día 34

Dejen que el gran poder de Cristo les dé las fuerzas necesarias. Protéjanse con la armadura que Dios les ha dado, y así podrán resistir los ataques del diablo. Porque no luchamos contra gente como nosotros, sino contra espíritus malvados que actúan en el cielo. Ellos imponen su autoridad y su poder en el mundo actual.

EFESIOS 6:10-12, *TLA*

---

fuerte *adj*: capaz de resistir fuerza o deterioro; sólido, duro o firme

Este no es un juego ni un concurso corto de atletismo que olvidaremos en unas horas. Dios tiene planes maravillosos para nosotras. Planes perfectos. Sin embargo, no nos los entregan servidos en bandeja de plata. Muchas veces hay que luchar para obtenerlos.

Tenemos un enemigo, Satanás, y lo último que quiere es que tú y yo caminemos dentro de los planes y la voluntad de Dios. Hará lo que sea para desviarnos del camino. Nos tentará, nos arrojará enfermedades y nos lanzará desafíos y problemas... todo para ver si logra apartarnos del camino.

Tú y yo debemos tomar la determinación de que fallará cualquier plan que tenga el enemigo. No nos eliminará. Viviremos cada día cumpliendo la voluntad de Dios para nosotras. Debemos tomar la decisión de creer que no prosperará ninguna arma que se forje en contra de nosotras. «No prevalecerá ninguna arma que se forje contra ti; toda lengua que te acuse será refutada» (Isaías 54:17, *NVI*). Se forjarán armas en contra de nosotras, ¡de eso no hay duda!, pero no prosperarán.

Dios quiere que seas fuerte en Él. Ser fuerte es lo que nos permitirá mantenernos «firmes hasta el fin» de la batalla. Decide que serás la guerrera capaz de resistir cualquier cosa que se cruce en tu camino.

Levanta tu espada, princesa guerrera, y recuerda por quién estás peleando.

Paso diario

¿En qué esfera de tu vida podrías ser más fuerte?

Por lo tanto, ¡protéjanse con la armadura completa! Así, cuando llegue el día malo, podrán resistir los ataques del enemigo y se mantendrán firmes hasta el fin.

EFESIOS 6:13, *TLA*

Día 35

¿No te lo he ordenado yo? ¡Sé fuerte y valiente!
No temas ni te acobardes, porque el Señor tu
Dios estará contigo dondequiera que vayas.

JOSUÉ 1:9, *LBLA*

En una época, a las mujeres no se les permitía actuar en el escenario de los teatros. Lo sé, lo sé... ¡Gracias a Dios que no habíamos nacido en ese entonces! En la película *Shakespeare Enamorado*, el personaje femenino principal se viste como hombre y se hace llamar Thomas Kent. Arriesga todo y realiza una audición para el papel de Romeo en *Romeo y Julieta*. Consigue el papel, pero la descubren y se cierra el teatro. Así que, todo el elenco está a punto de tirar la toalla, o ponerse como una cuba en el bar local, cuando un antiguo enemigo llega y les ofrece un nuevo teatro en el cual actuar. El elenco decide aceptar.

Llega el día de apertura y están en medio de un terrible problema. El narrador tartamudea, la voz de Julieta se quiebra (todos los actores son hombres, ¿recuerdas?) y Shakespeare tiene que interpretar a Romeo... y él está enamorado de la ex Romeo, a quien esa mañana forzaron a casarse con alguien que no ama... todo parece desastroso. Al elenco también le faltan algunas piezas esenciales para su rompecabezas... como Julieta.

Por fortuna, la ex Thomas Kent está en la audiencia y conoce bien el libreto. Así que la llaman al escenario. La conversación que sucede detrás del escenario es la siguiente: «¡Nos meterán a todos en la cárcel!». «Te veo allá».

Sin embargo, una vez más, esta joven está dispuesta a arriesgarlo todo... la humillación, el rechazo... todo por un gran amor y una causa mayor que ella. Abandona el statu quo, cumple su función y realiza una interpretación sobrecogedora junto al hombre que ama de verdad. En una época en la que no se tenía el derecho de tomar decisiones, ella toma una excelente... y no pasa inadvertida.

En el momento en el que los soldados de la Reina entran marchando y con el «así dice la reina» y «en nombre de su majestad» a fin de detener el espectáculo, la Reina, quien ha estado sentada en la audiencia todo el tiempo, se quita la capa y se para con actitud desafiante, diciendo: «Tengan cuidado con mi nombre; lo agotarán». No reprende a Thomas Kent, sino que expresa su aprobación por una actuación que muestra el verdadero amor en escena. También comunica comprensión frente a la fuerza que se necesitó para ser una mujer en un mundo de hombres.

---

fuerza *sust:* el poder de resistir presión o estrés; durabilidad

Una guerrera es fuerte. Sin embargo, ser fuerte significa más que levantar pesas de cien kilos (¡aunque es impresionante!) o poder partir un ladrillo. También significa estar dispuesta a resistir. Es hacer lo adecuado una y otra vez, sin importar cuán duro ni aburrido se torne. Además, nunca sabes quién podría estar mirando.

Paso diario

Lee 2 Timoteo 2:3.
¿Qué te dice este versículo?

Día 36

¡Solo tú me llenas de valor y me guías por el buen camino! [...]
Tú me llenaste de valor para entrar en combate.

SALMO 18:32, 39, *TLA*

Todas las mañanas, me paro frente al armario y miro la ropa entre la cual tengo que elegir. Selecciono mi vestimenta para el día basándome en lo que tengo que hacer. (Y, para ser sincera... ¡si necesita planchado o no es un factor decisivo!).

Si primero me dirijo al gimnasio, me pongo ropa para ejercitar; si voy a la oficina, me pongo ropa de trabajo; si me siento ante la computadora, me visto con ropa suelta y cómoda.

Sin embargo, ni una vez la ropa ha salido sola del armario y se ha colocado en mí. No. Yo tengo que vestirme.

Lo mismo sucede con la armadura que se nos ha dado. Debemos ponérnosla. A propósito. Se nos ha otorgado la mejor armadura para pelear las batallas que debemos pelear. Solo debemos colocárnosla.

Se nos ha dado una armadura y armas. Se nos ha equipado tanto para defendernos como para ofender. No solo tenemos que esforzarnos para evitar que el enemigo nos azote... no, debemos tomar terreno de manera ofensiva. Debemos ser más que conquistadoras. El apóstol Pablo lo dice de la siguiente manera:

> Antes, en todas estas cosas somos más que vencedores por medio de aquel que nos amó. Por lo cual estoy seguro de que ni la muerte, ni la vida, ni ángeles, ni principados, ni potestades, ni lo presente, ni lo por venir, ni lo alto, ni lo profundo, ni

ninguna otra cosa creada nos podrá separar del amor de Dios, que es en Cristo Jesús Señor nuestro (Romanos 8:37-39, *RV-60*).

Nunca se nos ocurriría enviar a la guerra a los soldados que representan en la actualidad a nuestro país vestidos con pantalones cortos y una camiseta. De ninguna manera. Queremos que estén protegidos de los ataques y queremos que dañen al enemigo. Tienen que estar bien armados.

Lo mismo sucede en nuestro caso. Dios nos arma bien para las batallas que debemos librar. Nos arma y nos pone en el camino de la victoria. Nunca lo olvides.

Paso diario

Lee Romanos 8:31-39.
¿Qué te dicen estos versículos?
¿Qué te dicen acerca del amor de Cristo?
¿Crees en tu corazón que nada
te separará del amor de Dios?

Día 37

*Manténganse firmes, ceñidos con el cinturón de
la verdad, protegidos por la coraza de justicia.*

EFESIOS 6:14, *NVI*

Debo confesar que me gustó la película *Hasta el Límite*, ¡donde la teniente Jordan O'Neil era una chica dura! Había muchas malas palabras, así que no la recomiendo, pero sí me gustó la parte en la que ella arma su pistola. Practicó y practicó hasta que le salió bien. Sabía qué hacer con su arma. Y en la película *El Gladiador*, Russel Crowe de seguro sabía cómo ponerse la armadura. No sostenía el escudo preguntando qué era. Sabía lo que era y cómo se utilizaba.

¿Qué me dices de ti? ¿Conoces la armadura que te ha dado Dios? ¿Sabes cómo utilizarla?

En realidad, no utilizo un cinturón para sostener mis pantalones, aunque sé que algunas personas lo hacen. Poseo algunos cinturones, pero no tienen otro propósito más que ser un accesorio de moda. Sin embargo, para el soldado romano, el cinturón era una parte muy importante del uniforme. Sostenía las armas que necesitaría el soldado. Lo primero que hacía era colocarse el cinturón y lo ataba con firmeza en su lugar. Se lo ajustaba tanto, que no importaba lo dura que fuera la batalla ni cuánto se moviera el soldado, el cinturón permanecía en su lugar. El cinturón debía estar en el lugar adecuado para que el soldado tuviera fácil acceso a sus armas.

En nuestro caso, el cinturón de la verdad debiera ser lo primero que nos pongamos. La verdad mantiene las cosas en su lugar. Nuestra capacidad para utilizar nuestras armas, e incluso nuestra protección, provienen de tener la verdad de Dios como nuestro cinturón. Su verdad debe ser nuestro fundamento si vamos a librar la batalla contra el enemigo.

Otra parte de la armadura es la coraza. (¡No creo que tenga una de estas en mi armario!) Pablo nos dice que nos pongamos la «coraza de justicia». La coraza del soldado romano protegía la parte vulnerable de su cuerpo, algo muy similar a los chalecos antibalas que utilizan nuestros policías. La coraza protege los órganos, incluyendo el corazón. Si queremos ganar cualquier batalla, debemos proteger nuestro corazón espiritual. Nuestro corazón debe estar bien con Dios.

Cuando caminas en la justicia de Dios, esta es la defensa contra todas las mentiras, los planes y las acusaciones de nuestro enemigo, el diablo. Estar bien con Dios significa saber quién eres... ¡la amada sin medida hija del Rey! Jesús te colocó en la posición adecuada con tu Padre. Cuando lo sabes, puedes vencer las mentiras del enemigo.

Entonces, ¿qué me dices, chica guerrera... tienes puesta tu armadura?

Paso diario

Anota una verdad de
la Biblia que vayas a utilizar hoy.
¡No te quites ese cinturón!

Día 38

Y calzados con la disposición de proclamar el evangelio de la paz.

EFESIOS 6:15, *NVI*

Tengo que confesar otra cosa. Me encantan los zapatos. De verdad.

Cuando voy de compras, casi siempre compro primero los zapatos y luego intento encontrar un vestido que combine con ellos. A veces, comprar zapatos puede alegrarme todo el día. Es patético, ¿no es así? ¿Todavía me respetas? O quizá te parezcas un poco a mí... solo un poco.

Bueno, al menos como para que podamos sentirnos bien en cuanto a nuestra locura por los zapatos... los zapatos *son* una parte importante de las armas que nos da Dios. (Por supuesto, ya sabemos que los zapatos pueden ser armas... ¿alguna vez te pisaron con un zapato con tacón de aguja?).

He escuchado que algunos historiadores piensan que el calzado fue una de las grandes razones por las que el ejército romano tuvo tanto éxito. (¡Me encanta esto! Zapatos = ¡victoria!)

victoria *sust:* derrota de un enemigo u oponente; éxito en una lucha contra dificultades o un obstáculo

Los zapatos que usaban los soldados romanos se parecían más a zapatos de golf defectuosos que a las botas de combate de hoy en día. En las suelas de las gruesas sandalias de los soldados se colocaban tachuelas cónicas o tacos, los cuales les proporcionaban apalancamiento para adoptar una postura firme.

Estos zapatos también le daban equilibrio al soldado, lo cual le permitía caminar con mayor facilidad a través de caminos desiguales. Esos clavos sí que eran útiles para pasarle por arriba al enemigo. ¡Ayayay!

En artes marciales, aprendí que la postura es una de las cosas más importantes para dominar. Ser capaz de mantener el equilibrio sin importar lo que te arrojen puede ser determinante entre la victoria o la derrota. Un golpe duro o una patada eficaz proviene de una postura equilibrada o firme.

Nuestros pies deben estar calzados con paz. Esta paz te ayudará a estar parada con los pies firmes en la Palabra de Dios y a permanecer allí... sin importar lo intensa que sea la batalla. Esta paz también te protegerá cuando camines a través de lugares desiguales y te mantengas firme en el fragor de la batalla.

Paso diario

¿Tienes puestos tus zapatos «de paz»?
¿Cómo te ayudarán a permanecer con
los pies plantados con firmeza
en la Palabra de Dios?

Día 39

Además de todo esto, tomen el escudo de la fe, con el cual pueden apagar todas las flechas encendidas del maligno.

EFESIOS 6:16, *NVI*

Nuestra familia fue al parque acuático *Sea World* el verano pasado. Pasamos un tiempo maravilloso solo por estar juntos. Es más, ¡considero que es un pequeño milagro cuando puedo tener la atención de mis dos adolescentes durante unos días! Mientras estábamos en *Sea World*, vimos el espectáculo de las orcas. ¡Vaya! Fue espectacular ver a esas enormes ballenas moviéndose al unísono.

Hay dos lugares en los que uno puede elegir sentarse durante el espectáculo: la zona seca o la zona para empaparse. Mi hija y yo nos sentíamos valientes, así que decidimos sentarnos en la zona para empaparse. ¿En qué estaba pensando?

En un momento durante el espectáculo, varias de las ballenas se acercaron al vidrio y «saludaron», lo cual significa que utilizaron sus aletas para salpicar a la audiencia. Mientras una enorme ola de agua se dirigía en nuestra dirección, la señora que estaba enfrente de nosotras abrió su paraguas y lo utilizó como un escudo, desviando la mayor parte del agua de nuestra parte. Sí que pensaba rápido... ¡y yo estuve agradecida!

Parte de la armadura que tú y yo debemos utilizar en este viaje a través de la vida es nuestro escudo de la fe.

Los soldados romanos utilizaban un enorme escudo alargado que los protegía de los ataques con flechas. Estaba hecho de madera y cubierto de cuero o metal. Durante el combate, el enemigo arrojaba flechas hacia los soldados.

A menudo, las flechas estaban envueltas en tela, empapadas en brea y encendidas con fuego. Estas flechas encendidas podían causar daños severos. Sin embargo, el cuero que cubría el escudo del soldado romano muchas veces estaba empapado en agua, a fin de que cuando la flecha ardiente chocara contra el escudo, se extinguiera.

Tú y yo tenemos un enemigo, Satanás, y él nos arroja sin cesar sus flechas encendidas. No sé cuáles proyectiles han disparado en tu dirección... tal vez temor, dudas, culpa, vergüenza, enfermedad, desaliento o desesperanza. Aun así, estoy segura de que la única manera en que puedes extinguir esas flechas es con tu escudo de la fe.

¿Dónde pones tu fe? ¿Crees que sin importar cuán violenta sea la batalla tu Padre celestial te está cuidando? ¿Tu fe está puesta en Él y en sus promesas?

Paso diario

Lee Hebreos 11:1 y el Salmo 91:1-4.
¿Puedes poner tu fe en el hecho
de que las promesas
de Dios son tu armadura?

Día 40

Tomen el casco de la salvación y la espada del Espíritu,
que es la palabra de Dios. Oren en el Espíritu en todo
momento, con peticiones y ruegos. Manténganse alerta y
perseveren en oración por todos los santos.

EFESIOS 6:17-18, *NVI*

En nuestra casa tenemos una regla: No puedes montar a caballo sin casco.

Tanto mi esposo como mi hija, que son los jinetes expertos de la familia, usan cascos cuando montan a caballo. Paris tiene un casco más bonito que usa en las exposiciones de caballos, pero tanto su casco de práctica como su casco para exposiciones tienen la misma función: protegerle la cabeza.

Los soldados romanos utilizaban cascos hechos de acero para protegerse la cabeza. Estos cascos les protegían toda la cabeza... dos partes laterales con bisagras resguardaban la mandíbula y los pómulos de los soldados; un pedazo largo de metal en la parte trasera del casco les protegía el cuello. Los soldados sabían que un golpe en la cabeza podía matar, así que no olvidaban colocarse el casco antes de ir a la batalla.

Tú y yo debemos ponernos el casco de la salvación. Este casco está diseñado para proteger nuestras mentes. En medio de la guerra, debemos tener una mente firme. La mente es la fuente de toda acción que llevamos a cabo, de toda decisión que tomamos y de todo pensamiento que nos permitimos conservar. Cada comportamiento que demostramos comienza en la mente.

El casco de la salvación nos da confianza en Cristo. Tú y yo somos salvas por lo que Cristo hizo por nosotras en la cruz. Dios no estableció una relación con nosotras debido a nuestras buenas cualidades. No... solo podemos entrar a la presencia de Dios gracias a lo que Jesús hizo por nosotras. Nadie puede quitarnos eso.

Satanás atacará nuestras mentes con desaliento. Le encanta señalar nuestras debilidades. No solo quiere que dudemos de nuestra salvación, sino que también quiere que dudemos de la bondad de Dios y del valor de nuestra vida. El casco de la salvación protege nuestra mente de los ataques del enemigo. Nos garantiza la grandeza del amor que Dios tiene por nosotras.

Asegúrate de tener el tuyo puesto.

Paso diario

¡No te preocupes por el cabello debajo del casco!
Asegúrate de que el casco de la salvación
esté bien sujeto sobre tu cabeza.

Pero nosotros, que somos del día, debemos mantenernos sobrios,
protegidos por la coraza de la fe y el amor, y llevando, como
casco de soldado, la hermosa esperanza de salvación.

1 TESALONICENSES 5:8, *LBD*

Día 41

Porque la palabra de Dios es viva y eficaz, y más cortante que cualquier espada de dos filos. Penetra hasta la división del alma y del espíritu, de las coyunturas y los tuétanos, y es poderosa para discernir (juzgar) los pensamientos y las intenciones del corazón.

HEBREOS 4:12, *NBLH*

El arma ofensiva que se nos ha dado es la Palabra de Dios. La espada que utilizaban los soldados romanos medía alrededor de cuarenta y cinco centímetros de largo y era afilada de los dos lados. La traducción griega de «palabra» en este versículo es *rhema* en hebreo. *Rhema* supone una expresión, una palabra hablada. Este versículo nos dice que la Palabra de Dios es más cortante que cualquier espada de dos filos. ¡Así que usémosla!

Cuando el diablo intentó molestar a Jesús en el desierto, Él lo combatió respondiéndole con la Palabra de Dios. El diablo intentó tentar a Jesús tres veces, y tres veces Jesús lo reprendió con las Escrituras. Luego del tercer intento del diablo, Jesús gritó: «¡Vete, Satanás! *Porque escrito está*: "Adorarás al Señor tu Dios, y a él solo servirás"» (Mateo 4:10, *NVI*, énfasis añadido). La Palabra hablada fue lo que trajo victoria.

En mi batalla este año, he pasado horas caminando por mi habitación citando la Palabra de Dios en voz alta. Cuando las amenazas del enemigo suenan con fuerza en mi cabeza, ¡solo grito más fuerte! Habla su Palabra.

¿Y sabes qué? Debes practicar para entablar esta clase de batalla. He leído muchos libros acerca de guerreros de distintos países y eras diferentes, y lo único que hacían todos era practicar. Pasaban horas practicando con sus espadas. Practicaban hasta que sentían que las espadas eran una extensión de sus propios brazos.

El entrenamiento es estricto en forma constante a fin de hacer valer la creencia de que cuanto más duro trabajas en tiempos de paz, menos sangrarás en la guerra.
Cita de la Unidad Especial de la Marina de Guerra de los Estados Unidos

Familiarízate con la Palabra de Dios... de tal manera que en medio de tus batallas invisibles puedas hablarla en voz alta de inmediato. Y ora... ora por ti y por los demás en medio de sus batallas.

Paso diario

Memoriza tres versículos de la Biblia que estén relacionados con la situación por la que estás pasando. (Para que logres comenzar, puedes encontrar algunos al final de este libro devocional).

Día 42

El cuerpo humano, aunque está formado por muchas partes,
es un solo cuerpo. Así también Cristo. Y de la misma manera,
todos nosotros, judíos o no judíos, esclavos o libres,
fuimos bautizados para formar un solo cuerpo por medio de
un solo Espíritu; y a todos se nos dio a beber de ese mismo
Espíritu [...] para que no haya desunión en el cuerpo,
sino que cada parte del cuerpo se preocupe por las otras.

1 CORINTIOS 12:12-13, 25, *DHH*

Existe una regla que tienen todas las fuerzas especiales de combate del mundo... los soldados nunca van solos. Los verdaderos guerreros saben que son parte de un equipo. Saben que no ganarán la batalla por su cuenta. Por lo general, los de la Unidad Especial de la Marina de Guerra estadounidense van en grupos de ocho, y cada miembro de ese grupo tiene una función específica... ya sea encargarse del equipo de comunicaciones, servir como médico o conducir los vehículos. Cada miembro del grupo descansa y confía en que los demás miembros hagan su tarea.

Cada una de nosotras tiene habilidades, dones y talentos únicos. Algunas tenemos talentos musicales, otras artísticos, algunas pueden lograr que una sala de alumnos de segundo grado haga cosas increíbles (¡como sentarse quietos!), algunas son muy organizadas, algunas pueden enseñar, algunas son increíbles con todo tipo de personas y algunas pueden tomar una simple muestra de tela y cambiar el estilo de toda una habitación (¡asombroso!). Cada una recibió habilidades específicas para cumplir el llamado de Dios en la vida.

Como a todas se nos creó y dotó de manera tan única, me resulta difícil comprender por qué las mujeres tienen celos de otras mujeres. En serio, no hay razón. No necesito tus habilidades para hacer lo que tengo que hacer en este planeta... solo debo estar comprometida a descubrir y perfeccionar los dones que hay en mí. Se supone que todas debemos esforzarnos juntas para construir el reino de Dios. Lo haremos de diferentes maneras... pero todas iremos en la misma dirección.

Así que cuando veas que una persona tiene un don en un campo en particular, ¿por qué no la alientas? En lugar de sentirte molesta o amenazada por sus virtudes, regocíjate por tenerla en tu equipo.

Nos necesitamos las unas a las otras. En verdad.

Todas somos un cuerpo, y para que ese cuerpo funcione de manera óptima, todas sus partes deben realizar su tarea. La boca sería patética si intentara ser el pie, y la mano nunca tendría éxito como estómago... y no hay parte individual más importante que el todo.

En el ejército de Dios no hay Llaneros Solitarios. Juntas somos invencibles. Solas seremos ineficientes.

Paso diario

¿De quién has estado celosa?
¿Te das cuenta de que ese sentimiento
es una pérdida de tiempo?

Día 43

*Ella se ciñe de fuerza [espiritual, mental y física para
la tarea que le encomendó Dios], y fortalece sus brazos.*

PROVERBIOS 31:17, *LBLA*

Hay cosas que se supone que debemos hacer en el planeta, ¡y necesitamos la fuerza para hacerlas! No solo fuerza física... sino también fuerza mental y espiritual.

En el Salmo 92:12-13, David nos recuerda que: «El justo florecerá como la palmera; crecerá como cedro en el Líbano. Plantados en la casa de Jehová, en los atrios de nuestro Dios florecerán» (*RV-60*). David podría haber hablado acerca de florecer en cualquier parte (en la escuela, en el trabajo, en el hogar... en el centro comercial), pero dijo *en la casa de Jehová*.

Ahora bien, no sé mucho acerca de la palmera, pero sí sé que la mayor parte de mi fuerza espiritual proviene de permanecer arraigada de manera profunda en la casa de Dios. Muchas personas dicen que aman a Dios, pero intentan ir por el mundo por su cuenta.

¡Es casi imposible vivir solas la vida! ¡No te diseñaron para eso! La Iglesia es el corazón del Padre, y si en verdad lo amamos, nuestro corazón debiera estar sincronizado con su amor por la casa. Ninguna iglesia es perfecta... está llena de personas como tú y como yo... personas imperfectas que hacen su mejor esfuerzo. Plantarnos en la casa es la única manera de permanecer fuertes en lo espiritual.

Plantarte significa más que una simple asistencia. Significa echar raíces profundas. Significa servir. Significa ser una colaboradora, no solo una consumidora.

Tal vez dijeras en algún momento: «Hoy no saqué nada de la iglesia». ¿Cuánto diste? Algunas personas se levantan el domingo y dicen que «en sí no sienten deseos de ir a la iglesia». Bueno, ¡no solo se trata de ti! Tal vez hoy Dios envía a alguien a tu iglesia que se supone que tú debas alentar. ¡Tu presencia es necesaria! El autor de Hebreos nos dice que no dejemos de congregarnos (lee Hebreos 10:25). La iglesia... ¡hace falta congregarse!

La casa de Dios debiera ser extraordinaria... llena de vida, liderazgo y amor. Debiera ser la institución más vivificadora disponible para la humanidad. Soy consciente de que no todas las iglesias se han tomado con firmeza de este concepto, pero no renuncies al latido de Dios. Encuentra una iglesia que puedas llamar tu hogar... un lugar en el que puedas dejar tus cargas y concentrarte en levantar las de otra persona. Encuentra un hogar y plántate... porque necesitamos que estés fuerte y hábil: floreciendo por completo en la casa de Dios.

Paso diario

Ve a la iglesia esta semana buscando
a la persona que se supone
que debes alentar.

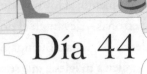

Día 44

Ejercítate para la piedad; porque el ejercicio corporal para poco es provechoso, pero la piedad para todo aprovecha, pues tiene promesa de esta vida presente, y de la venidera.

1 Timoteo 4:7-8, *RV-60*

He ido al gimnasio y una persona muy musculosa con abdominales de acero me ha mostrado cómo utilizar las máquinas. Pasó bastante tiempo explicándome cada parte de los equipos deportivos. Me mostró con exactitud cómo hacer un ejercicio abdominal, levantar una pesa libre y pedalear en una bicicleta. ¡Incluso pagué por esta demostración!

El asunto es el siguiente... todo este conocimiento no me llevaría a ninguna parte a menos que utilizara los aparatos. ¡Solo engordaría si lo único que hiciera fuera mirar las máquinas y nunca hiciera un ejercicio abdominal!

Así es también nuestro caso como cristianas. Se nos dio mucha información acerca de cómo vivir una vida cristiana exitosa... de parte de la iglesia, libros y seminarios. Algunas podemos citar capítulos enteros de la Biblia. Tal vez conozcamos la trascendencia del templo o comprendamos la teología del fin de los tiempos. Tal vez podamos citar todos los pasajes acerca de la gracia y el amor... o al menos saber dónde están en la Biblia.

Todo eso es genial. No obstante, si lo único que hacemos es adquirir el conocimiento y no lo ponemos en práctica, solo seremos cristianas «gordas». Solo tendremos, como dijo Pablo, lo que es «poco provechoso».

Una vida disciplinada involucra poner en práctica lo que sabes... no solo adquirir mayor conocimiento. Más que solo tomar notas acerca del sermón, debieras estar preparada para practicar lo que se enseña. Si estás aprendiendo acerca del perdón, ¡comienza a perdonar! No solo digas: «Fue un buen sermón». Practica lo aprendido. Si estás leyendo un libro acerca de la oración... ¡comienza a orar! No solo escribas un informe acerca del libro.

Pablo les dijo a los corintios que todavía tenía que darles «leche» (comida para bebés); aún no podía darles comida sólida porque no habían puesto en práctica lo que se les había enseñado. «Tuve que hablarles como si apenas comenzaran a creer en Cristo. En vez de enseñarles cosas difíciles, les enseñé cosas sencillas, porque ustedes parecen niños pequeños, que apenas pueden tomar leche y no alimentos fuertes» (1 Corintios 3:1-2, *TLA*).

Una relación madura con Dios no surge solo al saber más... surge cuando practicamos lo que ya sabemos.

Paso diario

¿Qué aprendiste en este último
mes que puedas decir con sinceridad
que todavía no has puesto en práctica?
¿Estás preparada para hacerlo?

Día 45

Mujer virtuosa [que sea capaz e inteligente], ¿quién la hallará?
Porque su estima sobrepasa largamente a la de las piedras
preciosas.

PROVERBIOS 31:10, *RV-60*

Bueno... esto quizá parezca un poco intimidante: ¿una mujer virtuosa que sea capaz *e* inteligente? Tal vez te haga pensar en todas las veces en que te sentiste incapaz, poco inteligente y no justo una fuerza en la tierra. ¿Y entonces? Olvida lo que has sentido y comienza donde estás. Con Dios, tienes una oportunidad del todo nueva de ampliar tu fuerza mental a fin de ser una fuerza de impacto y trascendencia en la tierra.

Con el propósito de obtener fuerza mental, debes tragarte el orgullo y estar dispuesta a aprender. Para este viaje, será necesario que aprendas cosas nuevas a cada momento. Por ejemplo, si te casaras pronto, ya estás casada o planeas casarte, sugeriría que pases tiempo con algunas esposas maravillosas (¡como las que aún tienen relaciones sexuales con sus esposos!) y aprendas algo nuevo. Y ya sabes, los niños no vienen del mismo modo con garantías ni instrucciones, así que unos buenos libros acerca de la crianza tal vez sean una buena idea.

¿Tienes claro cuál es tu propósito? ¿Actúas en función a él? Si no es así, descubre cuáles son tus pasiones y aprende algunas cosas nuevas acerca de las mismas. Si te apasiona la música, quizá debas tomar algunas clases. Si te apasiona el diseño interior, considera un curso nocturno que te ayude a crecer en esa habilidad.

Considera la carrera que deseas. Si te gustase un trabajo como editora en una casa editorial y en la actualidad trabajas como camarera, debes prepararte ahora para recibir ese trabajo más adelante. Deja de pedirle a Dios ese nuevo trabajo y colócate en la posición para que Él lo provea.

Vuelve a preparar tu mente con el conocimiento de quién eres y de las maneras maravillosas en que te crearon. Los pensamientos que has tenido acerca de ti misma te han llevado a donde estás... ¡así que piensa algunos nuevos! El cambio comienza con tu manera de pensar.

Se parece a lo que hace la estrella de la Asociación Nacional de Baloncesto Femenino, Lisa Leslie, que le pregunta a su entrenador a cada momento qué puede hacer para mejorar su forma de jugar. ¿Qué nos hace diferentes? Y cuando se nos da una nueva instrucción, deberíamos evitar ponernos a la defensiva y actuar basadas en esa instrucción. El cambio nos da elasticidad... pero es justo lo que necesitamos luego de un buen entrenamiento.

Paso diario

¿Qué cosa nueva aprendiste esta semana?
¿Qué libro estás leyendo?

Día 46

SEÑOR, muéstrame tus caminos, y enséñame tus sendas.

SALMO 25:4, *LBLA*

Procura con diligencia [estudia, sé entusiasta y esfuérzate al máximo para] presentarte a Dios aprobado, como obrero que no tiene de qué avergonzarse, que maneja con precisión [y enseña con habilidad] la palabra de verdad.

2 TIMOTEO 2:15, *LBLA*

---

estudiar *v:* dedicarse a aprender con diligencia

Tal vez todavía estés en la escuela, esforzándote para llegar a obtener un título. Te felicito. ¡Termina!

Sin embargo, quisiera sugerir que cada una de nosotras debiera verse a sí misma como si estuviera en la escuela. Tal vez no estemos sentadas detrás de un escritorio ni mirando a una pizarra, pero hasta que salgamos de esta vida, debiéramos considerarnos estudiantes.

En realidad, podríamos salir de esta vida más rápido si dejamos de aprender. Valerie Monroe, la directora de la sección de belleza de la revista *O, The Oprah Magazine*, afirma: «Aunque antes se creía que el cerebro era incapaz de regenerar nuevas células a lo largo de la vida, hace poco los investigadores han descubierto que, al menos en algunas áreas, sí ocurre la regeneración, y que permanecer mentalmente activo puede hacer que el cerebro haga surgir nuevas conexiones entre las células nerviosas»[4]. Esto significa que viviremos más y mejor si seguimos aprendiendo.

Tú y yo tenemos la obligación de pasarle el «testigo» con el que corremos en la actualidad a una generación más joven. Ni siquiera terminaremos nuestra vuelta en esta carrera si no aprendemos cosas nuevas. Lo que he aprendido hasta ahora me ha traído hasta este punto en mi carrera, pero si quiero terminar con fuerza, debo seguir aprendiendo.

Así que anímate y aprende a hablar italiano, aprende a reparar el motor de un auto, aprende los beneficios del agropiro o aprende a trazar ecuaciones diferenciales (¡!). ¡Todos estos conocimientos fortalecerán tu cerebro! Solo asegúrate de que en todo tu aprendizaje te permitas recibir la enseñanza en los caminos de tu Dios. Asegúrate de leer su Palabra y estudiar una parte con regularidad. Ve a la iglesia donde se enseña la Palabra de Dios. Sé una estudiante con notas excelentes que sabe todo acerca de su Dios.

Paso diario

Proverbios 18:15 afirma: «Los sabios e inteligentes adquieren los conocimientos que buscan» (DHH). ¿Qué te dice este versículo?

Día 47

*Finalmente, hermanos, piensen en todo lo que es verdadero,
en todo lo que merece respeto, en todo lo que es justo y bueno;
piensen en todo lo que se reconoce como una virtud,
y en todo lo que es agradable y merece ser alabado.
Practiquen todas las enseñanzas que les he dado, hagan
todo lo que me vieron hacer y me oyeron decir.*

FILIPENSES 4:8-9, *TLA*

La mitad vacía... la mitad llena... la mitad vacía... la mitad llena...
¿qué clase de persona dirías que eres?

Solo porque sonrío y río mucho (y soy rubia) no significa que viva
en la tierra de los sueños. Soy consciente de la realidad. Aunque mi
esposo es maravilloso, no es perfecto. Es mi elección decidir lo que
veo: todas las cosas que no hace de acuerdo a mi parecer, o todas las
cosas maravillosas que hacen que lo ame muchísimo.

Tengo dos hijos muy testarudos... hijos adolescentes... y a veces es
difícil hasta identificarse con lo que pueden llegar a estar pensando. En
lugar de concentrarme en lo que me gustaría que hicieran o dijeran, debo
concentrarme en sacar lo mejor de ellos... ¡y hay mucho para sacar!

A diario (a veces, momento a momento), debo elegir ver la mitad
llena del vaso. Tener una actitud y una perspectiva positivas nos ayuda
a que se hagan realidad las posibilidades que vemos delante de nosotras.

Es posible tener un matrimonio maravilloso y criar a hijos que están
en los negocios del Padre, pero esto nunca vendrá al concentrarnos en
lo negativo, lo cual hace la mayoría de las personas. El optimismo

debiera ser parte de nuestro maquillaje, a pesar del hecho de que nos bombardean con negatividad.

Un pesimista solo ve el lado oscuro de las nubes y se deprime; un filósofo ve los dos lados y se encoge de hombros; un optimista ni siquiera ve las nubes: camina sobre ellas.
Leonard Louis Levinson

Sí, los campeones desarrollan una fuerza mental, y por cierto, esto incluye nuestra inteligencia. Sin embargo, nuestra capacidad de controlar la dirección que toman nuestros pensamientos es igual de importante (sino más). Tal vez no puedas controlar el primer pensamiento que surge en tu cabeza, pero puedes controlar el segundo y el tercero.

Paso diario

¿En qué cosa encantadora, noble o misericordiosa puedes pensar hoy?

Día 48

El consuelo de Dios, ¿será demasiado insignificante para ti? ¿Es su dulzura demasiado áspera? ¿Qué haces, dejándote arrastrar por la ira, con ojos centelleantes?

JOB 15:11-12, *LBD*

En mi vida, puedo recordar unas pocas veces (y con eso, quiero decir «muchas») en las que reaccioné desde mis sentimientos. Por ejemplo, una vez le grité a mi hijo... no, en serio... *¡le grité!* No estuvo bien. Aunque mi hijo había hecho algo para enojarme, de seguro reaccioné de forma exagerada. En ese momento, reconocí que debía haber otra razón por la cual le gritaba. Mientras examinaba mis sentimientos, me di cuenta de que otras cosas habían sucedido ese día en el trabajo... con mi amiga... y todavía no las había resuelto. Fue lamentable, pero como no había tratado mis sentimientos más temprano ese mismo día, mi hijo fue afectado por más de lo que acarreó su propio mal comportamiento[5].

Controlar tus sentimientos a veces significa que debes hacer justo lo opuesto de lo que sientes. Hay muchas personas brillantes que no pueden tener el éxito del cual son capaces solo porque no pueden controlar sus sentimientos. Cuando están disgustadas, se desaniman; cuando están enojadas, hacen sufrir a todos los que le rodean. Cuando están frustradas, no pueden cumplir con su trabajo. No se puede justificar el mal comportamiento solo porque «te sientes así».

Es fácil caer en malos hábitos cuando te dejas guiar por los sentimientos.

«No tengo *deseeeeeos* de hacer ejercicios».

«No tengo *deseeeeeos* de esperar a que Dios me traiga al hombre indicado para mí».

«No tengo *deseeeeeos* de amar a mi esposo».

«No tengo *deseeeeeos* de lidiar con mis hijos».

Bueno, ¡es lógico!

¿Quién «tiene deseeeeeos» todo el tiempo? No obstante, si los malos hábitos se forman gracias a nuestros sentimientos, ¿no debiera lo opuesto también ser verdad? Deja que tus sentimientos fomenten algunos buenos hábitos. Conversa con una amiga, ve a dar un paseo, toma un baño de burbujas... ¿o qué te parece pensar en las consecuencias a largo plazo de tu acción antes de llevarla a cabo? La fuerza mental comienza con el control de tus sentimientos.

Nuestros sentimientos son un regalo. Es maravilloso poder sentir alegría, entusiasmo, tristeza... lo que sea. Solo que no podemos dejar que nos controle el sentimiento. No podemos pagar las cuentas, ni criar a nuestros hijos, ni trabajar solo cuando sentimos deseos de hacerlo. No, debemos hacer lo adecuado... a menudo, a pesar de cómo nos sentimos.

Vamos... ¡puedes hacerlo, campeona!

Paso diario

¿Necesitas pedirle perdón a alguien?
¿Alguien que haya tenido que soportar la carga
de tus emociones desenfrenadas?

Día 49

Si ustedes «resucitaron» cuando Cristo resucitó,
fijen la mirada en las grandes riquezas y el indescriptible
gozo que tendrán en el cielo, donde Él ocupa junto a Dios el
sitio más excelso de honor y poder. Dejen que el cielo sature sus
pensamientos, y no pierdan el tiempo en las cosas de este mundo.

COLOSENSES 3:1-2, *LBD*

Es triste que tuviera que comprar lentes para leer hace unos años. Al menos, intenté encontrar unos bien lindos... ¡pero seguían siendo lentes! Lo impresionante fue lo clara que pasó a ser la página que leía en un libro una vez que me los puse. De repente, las palabras estaban enfocadas y era sencillo leerlas. Es interesante que en verdad no me había dado cuenta de que las palabras estaban desenfocadas hasta que me puse los lentes y experimenté la verdadera claridad.

A veces creo que así vivimos cada día... sin el suficiente enfoque. O quizá nos enfocamos en las cosas equivocadas. A veces, podemos ser tan cortas de vista que nos perdemos lo que sucede a nuestro alrededor. ¿En qué te estás enfocando? Me he dado cuenta de que mi tendencia es dirigirme hacia mi foco de concentración.

Jesús visitó a sus discípulos una vez caminando sobre el agua. Pedro pensó que era genial, así que le preguntó a Jesús si él también podía hacerlo. Jesús le dijo: «Ven, Pedro». Pedro salió de la barca (¡hizo falta valentía!) y se encaminó hacia Jesús. Le iba bien hasta que quitó los ojos de Jesús y se concentró en el mar tempestuoso. Cuando cambió el foco de Pedro, comenzó a hundirse.

¿En qué te estás enfocando? ¿En construir un matrimonio maravilloso? Entonces, no puedes dejar que el desafío que tal vez enfrentes hoy no te permita enfocarte en el matrimonio que quieres.

¿En qué te estás enfocando? ¿En la libertad económica? Entonces, debes permanecer enfocada en un presupuesto que te ayude a llegar allí (¡a pesar de todos los zapatos bonitos que acabas de ver en el centro comercial!).

¿En qué te estás enfocando? ¿En un título universitario? Entonces, tal vez en lugar de ir a esa fiesta, debas quedarte estudiando.

¿En qué te estás enfocando? ¿En ayudar a otra persona? Entonces, tal vez debas mirar más allá de sus debilidades y ayudarla de todos modos.

¿En qué te estás enfocando? ¿En superar un desafío? Entonces, tal vez debas quitar los ojos del viento y las olas, y concentrarte en lo que Dios ha hecho por ti. Él te ha ayudado a salir de todo tipo de momentos difíciles. También te ayudará a salir de este. No te concentres en la tormenta: concéntrate en Él y en sus promesas para ti.

Paso diario

Lee Hebreos 12:1-3. ¿Dónde pones tus ojos?

Día 50

Ustedes saben que, en una carrera, no todos ganan el premio, sino uno solo. Pues nuestra vida como seguidores de Cristo es como una carrera, así que vivamos bien para llevarnos el premio. Los que se preparan para competir en un deporte, dejan de hacer todo lo que pueda perjudicarlos. ¡Y lo hacen para ganarse un premio que no dura mucho! Nosotros, en cambio, lo hacemos para recibir un premio que dura para siempre. Yo me esfuerzo por recibirlo. Así que no lucho sin un propósito.

1 Corintios 9:24-26, *TLA*

Estoy segura de que tanto Venus como Serena Williams, quienes son atletas increíbles, han tenido que concentrarse en entrenar y adquirir fuerza y habilidad. Eso incluye un entrenamiento riguroso: ejercicios diarios, seguir una dieta estricta, tomar los mejores suplementos y descansar la cantidad necesaria de tiempo.

Eres igual de valiosa que cualquier atleta importante, y también estás en constante entrenamiento. Ejercita tu cuerpo y tu mente y coloca en tu cuerpo lo que lo ayude y no lo que lo dañe. ¡Necesitamos que vivas una vida larga y saludable!

Luego de que me diagnosticaron cáncer, reflexioné largo y tendido acerca de cómo me estaba «entrenando». Pronto, me di cuenta de que tenía que realizar algunos cambios definitivos si quería correr mi carrera para ganar. Tal vez no logre controlar la calidad del aire que respiro, pero puedo controlar lo que pongo en mi boca. Soy capaz de controlar la cantidad de ejercicio que hago. Ahora como *muchas* cosas verdes y crudas (¡!), tomo suplementos excelentes y hago ejercicio todos los días.

La verdad es que *nunca* tengo deseos de hacer ejercicio... pero los hago de todos modos; incluso ahora, en medio de los tratamientos con radiación. También preferiría comer una hamburguesa con queso y un helado con banana, pero en cambio elijo salmón y una ensalada. ¿Por qué? Porque me estoy entrenando. «¡Nada de vida descuidada para mí!»

Como atletas campeonas, no solo deberíamos vigilar lo que entra en nuestra boca, sino también lo que ingerimos a través de nuestros ojos y oídos. Me encantan las películas, pero no salgo y veo todas las películas que se hacen. Me gustan las personas, pero debo estar atenta y ver con quién paso mi tiempo.

Las personas con las que pases tiempo influirán en ti, así que ten cuidado de no rodearte de personas negativas que afecten tu maravillosa actitud. Escucha música... es maravillosa, pero ten cuidado con la clase de música que escuchas. Hay mucha basura en el mundo que puede llegar a interferir con tu deseo de terminar la carrera con fuerza. ¡No permitas que suceda![6]

Hago estas cosas porque tengo un compromiso con mi Creador de terminar la carrera en la que me puso. Tú también.

Paso diario

¿Qué puedes mejorar en tu dieta? ¿Haces la clase adecuada de ejercicio? ¿Te preparas para vivir una larga vida? ¿De qué manera?

Día 51

Porque ustedes tienen necesidad de paciencia (perseverancia), para que cuando hayan hecho la voluntad de Dios, obtengan [y disfruten a plenitud] la promesa.

HEBREOS 10:36, *NBLH*

¡Es la hora de las confesiones otra vez! Una de las debilidades que noté en mí misma hace unos años fue que no siempre terminaba los proyectos que empezaba. Para comenzar, soy excelente... ¡solo necesito esforzarme para terminar! Apenas un proyecto se tornaba un poco rutinario o un tanto aburrido, lo dejaba, racionalizaba mi decisión (¿por qué debería soportar algo aburrido?), y luego buscaba algo más emocionante. (¡Ahora estoy mucho mejor con el problema de terminar, pero sigo en progreso!)

Aquí tienes un dato gratuito... a veces, la vida, el matrimonio y el trabajo *son* aburridos... o al menos, son solo rutinarios. Como somos adultas, nuestras decisiones durante esos momentos dicen mucho en realidad acerca de nuestro carácter.

Solo que no puedes rendirte ahora (lo sé, lo sé... deja de quejarte). Dios tiene un propósito para todo lo que hace, y de seguro que hay una razón para esta temporada «aburrida» de tu vida.

¿Por qué no encuentras nuevas maneras de hacer que la rutina sea interesante?... Cómprale a alguien un café mientras esperas en fila o habla con alguien en el ascensor (eso siempre se presta para expresiones divertidísimas)... no importa lo que hagas, ¡no te rindas! ¡Te perderás todo lo divertido si renuncias ahora!

La alta tasa de divorcios no tiene precedentes en nuestro país. Nos enamoramos de enamorarnos (dilo diez veces con rapidez) y siempre queremos algo nuevo y emocionante. En lugar de una vida de recuerdos maravillosos, queremos emoción. La realidad es que las rosas no llegan todos los días una vez que te casas, el galanteo no se parece al de la fase de luna de miel. A veces, incluso te preguntarás con quién rayos te casaste, pero no puedes renunciar solo porque no sea «nuevo». ¡Tienes que hacer que sea nuevo!

Si las cosas parecen aburridas, tal vez tengas algo que ver con ello... es solo una idea. Termina lo que comienzas. No te des por vencida cuando se torna aburrido... concéntrate en lo que tienes por delante y en la clase de vida que quisieras recordar.

Me enviaron a este planeta no solo a comenzar la carrera, sino a terminarla también... y a terminar con fuerza. Mi Creador no obtiene gloria con lo que comienzo; obtiene gloria con lo que termino. Así que a pesar de las dificultades o del aburrimiento... terminaré lo que he comenzado. ¿Qué me dices de ti?

Los campeones perseveran.

perseverancia *sust:* persistencia constante al acatar un curso de acción

Paso diario

Menciona una cosa que comenzaste,
pero que no has terminado.
¿Puedes terminarla?

Día 52

Mejores son dos que uno; porque tienen mejor paga de su trabajo.
Porque si cayeren, el uno levantará a su compañero
[o amigo]; pero ¡ay del solo! que cuando cayere,
no habrá segundo que lo levante.

ECLESIASTÉS 4:9-10, *RV-60*

---

amigo *sust:* una persona que uno conoce, que le agrada y en la que confía

A ti y a mí no nos crearon para que experimentemos solas el viaje de la vida. Nos diseñaron para tener compañía... para la amistad. Si vamos a cumplir para lo que nos crearon, lo haremos en conexión con personas que estén junto a nosotras en la vida. No nos crearon para resolver todos los problemas de la vida por nuestra cuenta. No tenemos todas las respuestas. Nos necesitamos las unas a las otras.

El otro día tuve una conversación muy triste con alguien. Está pasando por un desafío de salud muy serio... en esencia, está luchando por su vida. No conocía a esta mujer, pero alguien me sugirió que la llamara... así que lo hice. Cuando atendió el teléfono, una de las primeras cosas que dijo fue: «Tengo mucho miedo. Estoy sola por completo». Me rompió el corazón, porque nadie debería tener que atravesar sola lo que atraviesa esta mujer. Con rapidez, reuní a algunas de mis amigas y la trajimos a nuestro mundo.

Bueno, ¿cómo llegó a ese estado?

Lo eligió.

Sé que parece duro, pero la única manera en que podemos estar solas es si tomamos una serie de decisiones que nos conduzcan a la soledad. Mientras esta mujer estaba ocupada haciendo otras cosas, las personas salían de su mundo. Mientras estaba ocupada con su vida, no dejó tiempo para conectarse con la clase adecuada de personas... las que permanecen a tu lado a través de las cosas buenas y las malas.

Y ahora, está sola por completo. Bueno, en realidad, ya no... ¡porque la invadimos! Hay chicas que van a su casa, que la llevan al médico, que oran por ella... en esencia, solo son sus amigas. Ya no puede decir que está sola.

No dejes que la actividad de la vida haga que pases por alto el valor de los amigos. Hay muchas cosas que requieren nuestro tiempo, y si no tenemos cuidado, nos encontraremos pasando poco o nada de tiempo con los amigos que Dios ha enviado para unirse a nosotras en la aventura de la vida. Creo que las amistades que entablamos son muy importantes; no solo para nuestra felicidad, sino para tener éxito en la vida.

Paso diario

¿A qué amiga puedes llamar hoy... solo para preguntarle cómo está? ¿Qué te parece si le envías una tarjeta a esa persona?

Día 53

Cuando tenemos dificultades, o cuando sufrimos, Dios nos ayuda
para que podamos ayudar a los que sufren o tienen problemas.
Nosotros sufrimos mucho, así como Cristo sufrió.
Pero también, por medio de él, Dios nos consuela.

2 CORINTIOS 1:4-5, *TLA*

Las ancianas [mujeres mayores] asimismo sean
reverentes en su porte [...] maestras del bien.

TITO 2:3, *RV-60*

---

mayor *adj:* hábil o capaz debido a una larga experiencia; experto

No importa cuántos años tengas en este momento ni cuántas velas hubo en tu última tarta de cumpleaños. Eres una mujer mayor. ¿Por qué?... Porque hay alguien más joven que tú en el planeta. Y mientras haya alguien más joven que tú, serás una mujer mayor.

Antes de que me mires con el ceño fruncido, déjame asegurarte que ser mayor es bueno. Y todas nosotras, ya sea que tengamos dieciséis años o noventa y seis, tenemos la obligación de ser un ejemplo para alguien menor. Como lo dijo Pablo, debemos ser «reverentes» y «maestras del bien». Debemos estar dispuestas a ser un ejemplo en qué hacer... qué no hacer... y cómo hacerlo.

Es probable que hayas tenido que superar grandes desafíos en tu vida. Hay muchas mujeres que necesitan tu ayuda para atravesar las mismas cosas por las que pasaste tú. ¿No te habría gustado que alguien te hubiera ayudado con tu viaje?

Es posible que fueras víctima de abuso sexual... al igual que tres de cada cuatro mujeres. Ahora bien, esas cifras dan miedo... y significan que es probable que una joven en tu mundo necesite tu ayuda para obtener sanidad.

El matrimonio puede ser bastante difícil a veces, y hay mujeres más jóvenes que te observan mientras te abres paso a través del tuyo. ¡Necesitan saber lo que sabes tú! Busca a una soltera joven y alegre, y ayúdala a comprender su valor a fin de que logre tomar decisiones sabias acerca de la persona con la que se casará. Si criaste adolescentes (y todavía estás viva), trae a una mamá más joven a tu mundo y enséñale lo que has aprendido... para que no tenga que aprender a las malas.

Tal vez pudiste comprar tu propia casa. Apuesto a que hay alguien que necesita escuchar cómo limpiar su tarjeta de crédito y cómo llegar a estar en posición de comprar su propia casa. Todo lo que soportaste en el pasado puede beneficiar el futuro de otra persona... pero debes estar dispuesta a invertir en las personas. Invierte tu sabiduría en la tierra del corazón de una mujer más joven y siempre tendrás ganancias en el futuro.

Paso diario

¿Qué parte de la valiosa sabiduría estarías dispuesta a darle a una mujer más joven? ¿Puedes pensar en una mujer más joven a la que puedas tenderle una mano?

Día 54

---

leal *adj:* fidelidad inquebrantable, constante en devoción

Una amiga leal vale su peso en oro... tal vez más. ¿Puedo ser una amiga de «fidelidad inquebrantable»?

La lealtad no siempre equivale a la comodidad... ¿quién iba a saberlo? No podemos ser de la clase de personas que son leales hasta que aparece algo mejor. No podemos abandonar a nuestras amigas de siempre por otras nuevas solo porque pueden hacer más por nosotras que lo que hacen las anteriores.

La lealtad significa mantener un compromiso en las épocas difíciles... En las épocas difíciles de verdad, ¡cuando estás agotada en lo emocional solo de escuchar! Las relaciones no siempre son equitativas (si al menos tuviéramos mucha suerte). Al igual que en el matrimonio, a veces tienes que dar bastante más de lo que recibes... ¡o aun todo y no recibir nada a cambio! Las épocas difíciles producen los momentos más satisfactorios en una relación. Te enseñan que te aman... incluso en las épocas difíciles... incluso cuando estás muy confundida... incluso cuando no quieres levantarte por la mañana. Si así nos ama Dios, lo mínimo que podemos hacer es amar a nuestras amigas de la misma manera. La lealtad no solo significa soportar las épocas difíciles, sino también amar a tus amigos durante esas épocas difíciles[7].

Sin embargo, a menudo nos resulta más difícil ser leales cuando todo va de maravillas en la vida de una amiga. En la epístola a los Romanos, Pablo nos dice que no solo tenemos que llorar con nuestros amigos cuando lloran, sino también regocijarnos con ellos cuando se regocijan. ¿Qué pasaría si a tu amiga le sucede algo que quisieras que te suceda a ti? ¿Podrías regocijarte con ella?

¿Puedes alegrarte por tu amiga cuando le dan un ascenso... mientras que tú misma has querido avanzar en tu carrera durante meses? ¿Puedes alegrarte por tu amiga que se casa o que obtuvo un maravilloso ascenso... una vez más... si en verdad deseas las dos cosas? Y si tú eres la que te casas o la que recibes el ascenso, ¿puedes tener paciencia con tu amiga mientras intenta regocijarse contigo?

Paso diario

¿Te has alejado de alguien solo porque atraviesa una época difícil... y estás cansada de escuchar? ¿O te has alejado de una persona porque te resulta difícil regocijarte con ella? ¿Puedes ponerte en contacto con esta amiga hoy?

Día 55

Quiero la compañía [o la amistad] de los hombres y mujeres
santos de la tierra; ellos son la verdadera nobleza.

SALMO 16:3, *LBD*

En general, no me entusiasma demasiado armar un rompecabezas. Me gusta más la acción. Sin embargo, cerca de la época de Navidad sucede algo cuando vienen mis padres de visita. Comenzamos uno de esos rompecabezas de un millón de piezas... bueno... no son un millón de piezas... ¡pero parece que lo fueran! Y como el rompecabezas está allí, me relajo lo suficiente como para colocar mi parte de las piezas en su lugar y solo pasar tiempo con mis padres.

Las muchas piezas de un rompecabezas me recuerdan la amistad. Cada amiga tiene una función distinta en nuestras vidas y una forma diferente en nuestros corazones, y cada amiga ocupa un lugar de distinto tamaño en nuestros corazones. Están las conocidas, personas con las que trabajamos, amigas y nuestras amigas íntimas... las hermanas del corazón.

Todas las relaciones comienzan siendo superficiales, son las pequeñas piezas del rompecabezas... y algunas logran llegar a una amistad íntima. Como es lógico, hace falta que respetemos las diversas características de nuestras amigas, como el gusto y el estilo... aprender a encontrar la alegría y el humor en ellas (es decir, ¡¿cómo pudieron gustarle esos pantalones a cuadros?!)... pero nuestras amigas íntimas tendrán los mismos valores esenciales que nosotras (o muy similares). Tal vez no se manifiesten de la misma manera, pero la esencia de cada situación será similar. Por ejemplo, si la sinceridad fuera uno de tus valores esenciales, sería difícil ser amiga de alguien que miente casi siempre.

Cuando miro el rompecabezas de amistades que representan mi mundo, sonrío. Hay muchas clases de personas representadas que no se parecen... piezas de tantos tamaños distintos. ¡Me encanta!

A diferencia de los rompecabezas de verdad, las piezas de tu rompecabezas de amistades cambiarán de tamaño. Algunas tal vez se hagan menores, mientras que otras crezcan. Necesitas tener un corazón que permita que las personas entren y salgan. Mantén tu vida siempre abierta para los amigos, ¡porque la semana próxima podrías conocer a los mejores amigos que tendrás para toda la vida! Estoy segura de que te han herido y es posible que te hayan traicionado amigas una o dos veces. Es cierto, eso duele. Aun así, no permitas que el dolor se transforme en amargura. La amargura hará que le cierres tu corazón a la gente.

Las amigas, que todas comienzan siendo solo conocidas, ¡son en verdad uno de los mejores regalos del cielo para ti!

Paso diario

¿Cómo es tu rompecabezas? ¿Se te ocurren algunos conocidos o personas con las que trabajes que estén en camino hacia una amistad íntima? ¿Qué será necesario hacer?

Día 56

Jacob insistió [...] verte cara a cara ¡es como ver el rostro de Dios!

GÉNESIS 33:10, TLA

En muchos momentos, el rostro de mis amigas me ha alegrado el día, me ha traído esperanza o me ha hecho reír. Mi oración es que mi rostro haya surtido el mismo efecto en ellas.

Pasé varias horas con mis amigas en las salas de espera de los aeropuertos (antes de los atentados del 11 de septiembre... ¡cuando podías entrar a un aeropuerto sin ser un pasajero!), cada vez que tenían que hacer escala en el aeropuerto de Los Ángeles. Llegar al aeropuerto siempre era una pesadilla, pero la alegría de estar en contacto con mis amigas hacía que valiera la pena.

Este año, mi amiga Shanelle vino desde su hogar en Dinamarca para acompañarme a una de mis muchas consultas con el médico. Mi amiga Bobbie vino desde Australia para estar conmigo en el hospital. Y déjame decirte algo: cuando vi sus rostros... mi mundo se iluminó.

En mi vida, hay algunas personas con las que siempre tendré amistad, así que hago lo que sea para mantener esa amistad. Mantener o entablar una relación lleva tiempo. Y hay muchas maneras creativas para hacerlo. Una de mis amigas se reúne con algunas mujeres cada dos meses un mes cada tanto en una asociación de lectura. Algunas se juntan todas las semanas para hacer ejercicio. Otras se juntan y cocinan. Algunas mantienen el contacto en una reunión de estudio bíblico.

Es un nuevo amanecer para nosotras las mujeres, y me encanta que tengamos tantas oportunidades que nunca tuvieron las generaciones anteriores. Podemos votar... podemos elegir cualquier carrera que queramos... no es necesario que asistamos a las antiguas actividades comunales (aunque estoy segura de que eran divertidas)... tenemos secadores de cabello y pintalabios.

oportunidad *sust:* una circunstancia o combinación de circunstancias favorable y ventajosa; una ocasión o momento favorable o conveniente

Sin embargo, como muchas de nosotras intentamos lograr un equilibrio en la vida (el trabajo, los hijos, el esposo, la casa, la educación), mantenerse en contacto con nuestras amigas puede tornarse difícil. A veces, en lugar de darle a nuestra amistad el tiempo y el esfuerzo que hace falta para ser amigas para siempre, la descuidamos. Has plantado varias semillas con las mujeres en tu vida... ¡ahora ve a regarlas! Es probable que sea lo único que necesiten esas semillas para crecer.

Paso diario

¡Envíale otra tarjeta a una amiga distinta!
Dile una de las maneras en que su amistad
ha logrado un cambio en tu mundo.

Día 57

Ténganlos en alta estima y ámenlos de corazón, porque de veras se esfuerzan por ayudarles [...] Cuiden de los débiles y tengan paciencia con todos. Cuiden que nadie pague mal por mal; al contrario, procuren siempre el bien mutuo y el de todos.

1 Tesalonicenses 5:13-15, *LBD*

¿Alguna vez estuviste con alguien que haga que te parezcas más a ti misma cuando estás a su lado? Al parecer, saca a relucir lo mejor de ti. Se ríe de tus chistes y cree que tus historias son maravillosas. Disfruta de cada momento contigo.

Por otro lado, ¿alguna vez estuviste con alguien que... y sin importar lo que hagas... solo parece que no puedes hacer nada bien? Apenas parece tolerarte.

Es probable que todas hayamos tenido las dos experiencias. De esas dos personas, ¿con cuál preferirías estar? ¿Con la que te elogia... o con la que te tolera?

¡No te puedo creer!... a todas nos gusta que nos elogien. Sin embargo, es probable que esto no suceda con todas las personas que conoces.

Pensar en esta cuestión hizo que me preguntara... *¿Elogio a las personas? ¿O solo las tolero?*

Recuerda el alirón de las animadoras en la secundaria: «Cuatro, tres, dos, uno, ¡como ustedes no hay ninguno!». ¿Cuándo dejamos de cantar ese alirón? A todas nos gusta que nos aprecien. ¿Aún podemos ser un poco como las animadoras?

Ahora bien, soy consciente de que algunas personas te sacan de quicio. Hasta el apóstol Pablo era consciente de esto. Solo nos advierte que cuando suceda... tengamos paciencia los unos con los otros.

Cuando estás con una persona, busca maneras de apreciarla. ¿Tiene algo maravilloso en lo que puedas concentrarte? Acuérdate que también es una amada hija del Rey y que tu Padre quiere que busques lo mejor en ella.

No digo que resultará fácil, porque apenas alguien te saca de quicio, parece que se acumulan todas las cosas que te molestan de esa persona. Y encontrar algo bueno se torna difícil.

Bueno... inténtalo. Si no es creyente, es muy posible que tu amabilidad la lleve al Padre. Y si es creyente, tu amor por ella será de testimonio para otras que observan.

Paso diario

En la próxima conversación que tengas con una amiga, ¡esfuérzate para sacar a relucir lo mejor de ella!

Día 58

*Tú, SEÑOR, escuchas la petición de los indefensos,
les infundes aliento y atiendes a su clamor.*

SALMO 10:17, *NVI*

Escucha, oh Dios, mi oración; no pases por alto mi súplica.

SALMO 55:1, *NVI*

---

escuchar *v*: realizar un esfuerzo para oír algo

—¿Cómo te va? —le pregunté a mi amiga.

—Ah... bien —me respondió.

—¿Qué planes tienes para las fiestas? —le dije.

—Huy... no estoy muy segura todavía —me respondió.

Al parecer, esto no tenía ninguna importancia, era solo una conversación cotidiana. Y si no hubiera estado escuchando... no solo oyendo cómo el sonido salía de la boca de mi amiga, sino escuchando de verdad... tal vez me habría ido pensando que nada sucedía. Habría pensado que no estaba segura en sí, pero que tenía muchas opciones.

Sin embargo, escuché algo en la voz de mi amiga que hizo que quisiera seguir la conversación y realizar más preguntas. Al final, me dijo que acababa de tener una conversación con su madre, la cual no había terminado muy bien. Lloró mientras me contaba acerca de su dolor y de su desconcierto por una relación que se había echado a perder.

Para escuchar hace falta esfuerzo. Escuchar requiere que nos concentremos en alguien distinto a nosotras mismas.

Tenemos la promesa de que Dios nos escucha. Él realiza un esfuerzo para oír el clamor de nuestro corazón... no solo el clamor de nuestros labios. Escucha en busca de cada detalle, de cada tono de nuestra voz. Gracias, Dios.

Tú y yo debemos hacer lo mismo, en la mejor manera que podamos. Debemos ser expertas en escuchar. Debemos tener compasión al escuchar; escuchar de manera activa. Escuchar demanda el cien por cien de nuestra atención. Requiere que apaguemos nuestros teléfonos celulares, que bajemos la música y miremos a la persona que nos abre su corazón.

Muchas veces, he sido culpable de pensar que si oía lo que decía la persona, estaba escuchando. No es verdad. Escuchar supone más que una simple repetición de lo que hemos oído... significa comprender el corazón de la persona que lo dijo.

Seamos amigas que escuchan.

Paso diario

¡Silencio!... deja que la otra persona hable y se exprese... solo escucha.

Día 59

Dios los ama a ustedes y los ha escogido para que pertenezcan a su pueblo. Vivan, pues, revestidos de verdadera compasión, bondad, humildad, mansedumbre y paciencia. Tengan paciencia unos con otros, y perdónense si alguno tiene una queja contra otro. Así como el Señor los perdonó, perdonen también ustedes.

COLOSENSES 3:12-13, *DHH*

Algunas de mis amigas son solo extrañas.

¡Y he aprendido a que eso me guste de ellas! ☺

Supongo que lo que las hace extrañas es que no son iguales a mí. Cuando miro a mi círculo de amigas en constante crecimiento, me doy cuenta de que la mayoría es distinta a mí. Y la verdad es que mi vida es más rica gracias a esto.

Sin embargo, no siempre pensé de esta manera. Parece bien decir: «Deberías entablar relaciones con personas diferentes a ti... personas que tienen distintas personalidades y virtudes». A pesar de eso, ponerlo en práctica puede ser un poco difícil.

En tu círculo de amigas, es probable que haya alguien que siempre parece ser la «alegría de la fiesta». Es extravertida, conversadora y le cuesta terminar cualquier cosa... ¡a menos que sea tu frase!

Y es probable que conozcas a la persona de los «patitos en fila». Esta es la amiga a la que le gusta que todo esté perfecto y organizado, a la que siempre le cuadra la chequera. Y cuando las cosas no salen a la perfección (¿acaso pasa alguna vez?), puede deprimirse.

Estoy segura de que también estás familiarizada con la chica que tiene metas para toda ocasión. Expresa con libertad sus opiniones y te dirá cuál es la tuya si guardas silencio durante cinco segundos. Hace que el grupo se mantenga en movimiento y que vaya de acuerdo con lo previsto.

Y, por supuesto, conoces a la chica que es muuuuy tranquila. Todos le agradan y detesta el conflicto. Escucha con paciencia todos los relatos de tus aflicciones una y otra vez. Sin embargo, no le gusta el cambio, así que es mejor que le avises con mucha anticipación si alterarás los planes.

Tu vida es mejor porque en ella hay personas con distintas personalidades. No siempre es fácil... pero es mejor.

Como amigas, valoremos no solo la amistad, sino también la persona. Pasar tiempo con alguien que demuestra que está disfrutando estar contigo tiene algo de espectacular. Una de las maneras en las que demostramos que valoramos a nuestras amigas, es cuando amamos quiénes son en verdad. Ama las diferencias que saltan a la vista entre tú y tus amigas. No solo las aceptes, sino también ámalas.

Sean buenas amigas que se aman de manera profunda.

Paso diario

¿Qué te viene a la mente al leer la siguiente cita de Carl Rogers?

Cuando camino por la playa para mirar el atardecer, no grito: «Un poco más anaranjado a la derecha, por favor», ni «¿Te importaría colocar menos violeta en la parte de atrás?». No, disfruto los siempre distintos atardeceres, tal y como son. Obramos bien al hacer lo mismo con las personas que amamos[8].

Día 60

Sigue, pues, los pasos de los justos, la senda recta, pues solo
los buenos disfrutan plenamente de la vida; los malos pierden el
bien que podrían haber alcanzado, y serán destruidos.

PROVERBIOS 2:20-21, *LBD*

La mayoría de nosotras tiene un sueño en el corazón... o al menos lo tuvimos en algún momento. Tal vez los desafíos de la vida disiparan el sueño de lo que una vez latía con fuerza en tu interior. Todas necesitamos una amiga a la que podamos expresarle nuestro sueño, a fin de que cuando parezca que el sueño tal vez no vaya a realizarse, te pueda seguir ofreciendo aliento.

Sin el aliento de mis amigas, habría dejado muchas cosas (el matrimonio, el cinturón negro, el primer libro). Sin embargo, mis amigas no podrían haberme alentado si no hubiera abierto mi corazón para contar mis secretos... los sueños y también los temores.

A veces, nos esforzamos mucho para ser independientes. En verdad no nos crearon para vivir de manera independiente; nos crearon para vivir de manera interdependiente... unidas las unas a las otras. Y esto solo sucede cuando estamos dispuestas a tener una relación profunda. ¡Así que enfrentemos la realidad!

Necesitamos superar nuestro temor a la traición a fin de poder abrir el corazón. Una cosa que impide que les abramos el corazón a otros es el temor a que nos hieran o decepcionen. Si estás viva, es probable que te hayan traicionado. No he conocido a nadie que no lo haya sido.

Es cierto, debiéramos ser sabias en cómo y a quién abrirle nuestro corazón (por ejemplo... no des demasiado con mucha rapidez... deja que la persona pruebe ser fiel en lo poco que le muestras antes de darle más), pero necesitamos franquearnos. Hay maneras de proporcionar oportunidades para la intimidad (comer juntas, trabajar en un proyecto juntas), pero la verdadera intimidad supone comunicación. «La conversación es la moneda de la amistad. A través de la conversación, se llega a la compasión, la comprensión y la conexión»[9].

Hablar... escuchar... alentar... desafiar... hablar... escuchar... alentar... desafiar... hablar... escuchar... y no se termina.

A menudo, acuérdale a tu amiga cuánto le amas. Recuérdale que es leal y que estás agradecida por poder depender de ella. Confíale los sueños de tu corazón. Cuéntale de tus temores más profundos. Envíale una tarjeta, un correo electrónico, hablen mientras toman un café... solo empiecen a comunicarse.

Paso diario

Lee Proverbios 27:17.
¿Qué te dice este versículo?

Día 61

*Tan refrescante como apagar tu sed con un vaso
de agua fresca, es contar con un amigo a
quien puedes confiarle un mensaje.*

PROVERBIOS 25:13, *TLA*

*Con un buen perfume se alegra el corazón;
con la dulzura de la amistad se vuelve a la vida.*

PROVERBIOS 27:9, *TLA*

Creo que es genial que Dios, sabiendo el propósito con el que me creó, haya enviado a personas para que estén conmigo en este viaje. Me conoce, así que me envía sin cesar personas con puntos fuertes para ayudarme en mis puntos débiles. Conoce todos mis pensamientos, así que envía personas que me ayuden a procesarlos. Conoce las armas que el enemigo puede arrojarme, así que envía a compañeras de batalla para que me ayuden a sostener mi escudo y a blandir mi espada. Conoce los dones y talentos que me ha dado, así que abre las puertas y proporciona oportunidades para que use esos dones y talentos a fin de ayudar a los demás.

De la misma manera, Dios me envía a la vida de otras personas para unírmeles en su viaje. Conoce mis puntos fuertes, así que me envía a ayudar a alguien con sus puntos débiles. Conoce mis pensamientos, así que me envía para ayudar a alguien a controlar sus pensamientos. Me conoce, así que me envía para ayudar a alguien a sostener su escudo y a levantar su espada. Conoce los dones y talentos que me ha dado, así que me envía a ayudar a otras personas en su viaje.

Lo único que he hecho es permanecer en el camino que preparó para mí, de la mejor manera posible... este camino de vida que cumplirá con su voluntad. A medida que lo hago, una infinidad de personas se transforman en mis amigas. Se entablan relaciones que representan un papel decisivo en ayudarme a cumplir la voluntad de Dios, y que también son importantes para ayudar a mi amiga a cumplir la voluntad de Dios.

También es importante que te mantengas en el sendero en el que te puso Dios. En tu futuro, hay personas que dependen de conocerte. Su destino está ligado al tuyo. Nunca llevarás a cabo por tu cuenta el propósito para el que te creó Dios. Necesitas que esas personas enviadas por el cielo estén en tu mundo hoy, y las necesitarás mañana, el año que viene y dentro de veinte años.

Dale gracias a Dios porque, en su sabiduría, le pareció conveniente conectarnos con personas increíbles. No estás sola.

Paso diario

Piensa en las personas que se han
cruzado en tu camino justo en el momento
indicado para ayudarte a atravesar algo.
¿Se te ocurre algún caso en el que
Dios te haya enviado a cruzarte en
el camino de otra persona en
el momento en que te
necesitaba de verdad?

Día 62

No te afanes por el mañana, que el mañana
está en manos de Dios. Confía, pues, en Él.

MATEO 6:34, *LBD*

hoy *adv:* en este día, en el día presente

Hoy.

En el presente.

¿Estás aquí? ¿O estás tan ocupada mirando al futuro que no vives el momento presente? ¿Estás tan preocupada por lo que puede llegar a suceder que no eres consciente de lo que sucede en realidad?

Todas tenemos talentos y habilidades únicas. Tenemos diferencias... por ejemplo, tal vez tú puedas cantar una canción completa... en forma afinada (no es muy justo). Todas crecimos en barrios distintos con distintos trasfondos económicos, llenas de sueños en el corazón. Sin embargo, algo que todas tenemos en común es veinticuatro horas. Todas tenemos la responsabilidad por las veinticuatro horas de este día... y comienza a partir de ahora.

A veces, arruinamos nuestros momentos presentes al no vivir en ellos. Mientras estamos en el trabajo, nos preguntamos si dejamos todo hecho en casa esta mañana. Y cuando estamos en casa, nos preocupamos acerca del proyecto que dejamos sin terminar en la oficina.

Debemos aprender a vivir en el momento, donde estamos.

Durante seis semanas de este año pasado, me sometí a tratamientos con radiación casi todos los días. Iba al centro oncológico de radiación a la misma hora todos los días. Al principio, estaba un poco (¡!) resentida solo por tener que hacerlo. No quería el cáncer, y de seguro no quería la radiación. Toda la situación me parecía una gran imposición.

Entonces un día, tomé la decisión de que como iba a estar en el centro oncológico, era mejor que aprovechara los momentos que pasaba con las demás personas que estaban allí. Luego de tomar esa decisión, comencé a hablar con los demás pacientes de cáncer en la habitación... muchos estaban muy asustados y se sentían muy solos. Repartí libros e intenté comunicarles la vida y el amor de Dios a mis nuevos amigos. En lugar de desear no estar allí, empecé a estar presente por completo en el momento.

Es tu turno. Vive en el momento que se te ha dado. Hoy.

Paso diario

Hoy, trata de ser consciente y estar presente en cada momento. Si la fila en la que estás parada en la tienda es larga, disfruta del libro que llevaste. Si el tránsito en la autopista es terrible, disfruta de la canción de la radio. Si tu bebé te despierta a las dos de la mañana, disfruta del momento mientras tienes una vida preciosa en brazos.

Día 63

*El rostro feliz alegra el corazón; el ensombrecido
demuestra que tiene el corazón despedazado.*

PROVERBIOS 15:13, *LBD*

felicidad *sust: caracterizada por alegría; buena disposición*

Muchas de nosotras posponemos la felicidad. Cuando teníamos cuatro años, apenas si podíamos esperar para ir al jardín de infantes, y luego, cuando teníamos doce, estábamos impacientes porque queríamos comenzar la escuela secundaria.

Y, por supuesto, nuestra vida sería maravillosa cuando entráramos al instituto, y luego sería fantástica cuando nos graduáramos... entráramos a la universidad... nos casáramos... tuviéramos hijos... nos dieran un ascenso... nos divorciáramos... encontráramos un nuevo esposo... nos hiciéramos una cirugía plástica... tuviéramos nietos... nos jubiláramos... y la lista de espera para ser felices no termina nunca.

Es importante mirar hacia el futuro, pero no dejes que eclipse el valor del hoy.

Me esfuerzo por intentar ver cada día como una aventura en sí mismo. Es cierto, espero con ansias el día en el que ya no tenga que hablar con el oncólogo que me realiza radiación... pero mientras tanto, disfruto de las nuevas personas a las que conozco y de las oportunidades de influir en la vida de alguien.

Me entusiasman los días que mi esposo y yo nos tomaremos el mes que viene... pero no puedo esperar hasta entonces para ser feliz. Estaré contentísima cuando mi hija ya no tenga proyectos de ciencia que terminar... pero mientras tanto, disfrutaré (¡o en verdad lo intentaré!) de aprender acerca de cosas que nunca pensé que aprendería.

Me gustaría sugerir que la felicidad es una elección. Lo sé, parece demasiado sencillo. Sin embargo, es verdad. Tu felicidad no depende de que cambien tus circunstancias, sino de que tú cambies la manera en que ves las circunstancias.

¡Vamos, sonríe!

Paso diario

¡Toma la decisión de que hoy es un gran día y de que disfrutarás todas las aventuras que sucedan en él! (No olvides sonreír... recuerda, ¡todos los demás observamos tu rostro!).

Día 64

Gracias a Dios que siempre nos lleva en el desfile victorioso de Cristo Jesús y que por medio de nosotros da a conocer su mensaje, el cual se esparce por todas partes como un aroma agradable. Porque nosotros somos como el olor del incienso que Cristo ofrece a Dios, y que se esparce tanto entre los que se salvan como entre los que se pierden.

2 CORINTIOS 2:14-15, *DHH*

Me encanta pensar en que cada día estoy caminando en un desfile. ¡Traigan la banda y el confeti!

Jesús pagó un tremendo precio en la cruz para que tú y yo camináramos en victoria. No peleamos *por* la victoria. Vivimos en un *lugar de victoria.* Cristo nos hizo victoriosas. ¡Tal vez debiéramos vivir de esa manera!

¡Encontremos una razón para celebrar! Los cumpleaños y los aniversarios son momentos evidentes para celebrar, pero no olvidemos celebrar las victorias menores.

¿Terminaste con esa clase de álgebra? ¡Ijujú!

¿Tú y tu esposo sobrevivieron a una restauración de la casa? ¡Eso es!

¿Encontraste el vestido perfecto para la boda de tu hija? ¡Bravo!

¿Bajaste siete kilos? ¡Ten una fiesta!

¿Hace un día hermoso afuera? ¡Sonríe!

¿Gozas de buena salud? ¡Arroja un poco de confeti!

Y la lista continúa...

La risa tiene algo contagioso. Es difícil fruncir el ceño o incluso permanecer seria cuando alguien se ríe con ganas. Siempre quiero estar donde está la risa... la celebración... la vida.

Una persona sin sentido del humor es como un vagón sin muelles, que se estremece con cada piedrecilla del camino.
Henry Ward Beecher

Tu actitud de desfile es contagiosa y tendrá un efecto en cualquier habitación en la que entres... así como tu actitud amargada y enojada influirá en los que te rodeen. ¿Por qué no fomentas una reputación de ser la persona alegre del desfile... la que siempre está buscando momentos para celebrar?

Paso diario

En tu mundo, ¿a quién le afectaría tu actitud de arrojar confeti en el desfile?

Día 65

Hermanos míos, considérense muy dichosos cuando tengan que enfrentarse con diversas pruebas, pues ya saben que la prueba de su fe produce constancia. Y la constancia debe llevar a feliz término la obra, para que sean perfectos e íntegros, sin que les falte nada.

SANTIAGO 1:2-4, *NVI*

De acuerdo... así que si queremos ser «perfectas e íntegras», debemos aprender a encontrar gozo en medio de las dificultades. La mayoría de nosotras puede sonreír cuando todo va bien, ¿pero podemos hacer lo mismo en medio de una prueba?

Tal vez estés enfrentando una prueba o un desafío ahora mismo. Si es así, lo siento. Si estuviera allí, te daría un gran abrazo. En algún momento, sin embargo, te recordaría que puedes atravesar esta época. La promesa de Dios de fuerza es para ti ahora. Y te alentaría a esforzarte y buscar la alegría que es tu fortaleza.

En Nehemías 8, Esdras les leía la Palabra de Dios a los israelitas, y estos se sintieron abrumados. Quizá se debiera a que por primera vez comprendieron la majestad de Dios, o tal vez se debiera a que comprendieron que eran amados. De todos modos estaban llorando. A pesar de eso, Nehemías los hizo salir de ese estado de ánimo al decirles que fueran a celebrar... a comer buena comida y a darles regalos a los que no tenían nada bueno para comer:

Al oír las palabras de la ley, la gente comenzó a llorar. Por eso el gobernador Nehemías, el sacerdote y maestro Esdras, y los levitas que enseñaban al pueblo, les dijeron: «No lloren ni se pongan tristes, porque este día ha sido consagrado al SEÑOR su Dios».

Luego Nehemías añadió: «Ya pueden irse. Coman bien, tomen bebidas dulces y compartan su comida con quienes no tengan nada, porque este día ha sido consagrado a nuestro Señor. No estén tristes, pues el gozo del Señor es nuestra fortaleza» (vv. 9-10, *NVI*).

Lo que Nehemías les decía a los israelitas... y a nosotros... es que dejemos nuestra tristeza, pues el gozo del Señor es nuestra fortaleza.

En medio de tu desafío, ¿hay algo que puedas celebrar? Si necesitas fuerza para atravesarlo... y estoy segura de que la necesitas... debes darte cuenta de que tu fuerza surge de la alegría. La alegría es una decisión, no un sentimiento. La alegría también supondrá dar a los demás. En medio de tu desafío, la alegría se convertirá en una realidad para ti a medida que procures dársela a otra persona.

Paso diario

Bueno, sé que no es fácil... pero en medio del desafío que enfrentas, ¿puedes realizar una lista de las cosas por las que estás agradecida? ¿Puedes celebrar el hecho de que esta prueba te hace cada vez más fuerte?

Día 66

Por último, amados hermanos, ya saben cómo se agrada a Dios en el diario vivir, según los mandamientos que les dejamos en nombre del Señor. Les rogamos y les exigimos en nombre del Señor Jesús, que vivan cada día más cerca de ese ideal.

1 TESALONICENSES 4:1-2, *LBD*

Hace algunos años, me senté junto a un caballero en un avión que me preguntó a qué me dedicaba. ¡Tengo taaaantas respuestas para esa pregunta! Soy esposa, madre, maestra, pastora... en ese día en particular, sin embargo, decidí responder que era pastora. El hombre se quedó mudo de asombro (¿por qué será?).

En realidad, al principio se rió y luego dijo: «No, en serio... ¿a qué te dedicas?». Cuando le aseguré que en verdad era pastora, le costó lograr que cuajara su concepto de cómo lucía un pastor y cómo actuaba... conmigo. Dijo que parecía demasiado animada, demasiado feliz para ser pastora.

La imagen que el hombre tenía de un líder de iglesia era la de una persona sombría y sin vida. Es más, me puso triste. Por poco me siento tentada a pedirle disculpas por la impresión que quizá le dieran los demás. ¡Amar a Dios debería transformarnos en las personas más animadas de la tierra!

Algunas personas creen que seguir a Dios significa que debamos vivir una vida pesada y monótona. Algunos creen que si en verdad amas a Dios, no puedes divertirte demasiado. Creo que amar a Dios debería hacer brillar nuestros ojos. Creo que amar a Dios debería hacer que estemos llenas de risa a cada instante.

Nuestro caminar con Dios no debería ser con paso lento, obstinado y religioso. Se supone que no debamos arrastrar los pies, estar con rostro cansado ni decir: «seguir a Dios es muy difícil». ¡*No!* ¡Nuestro viaje con Dios se vive con una «danza viva y enérgica»!

Tal vez necesitemos unas clases de danza. En serio. ¡Así que ve a ponerte tus zapatos de baile y ten un ☺ día! ¡Tu manera de vivir debería contagiar la alegría de Dios de tal manera que las personas deseen lo que tú tienes!

Paso diario

¿Cómo ves tu viaje con Dios? ¿Es difícil?
¿O está lleno de asombro y esperanza?
¿Cómo puedes lograr que se parezca
más a una aventura?

Día 67

Estén siempre alegres, oren sin cesar, den gracias a Dios en toda situación, porque esta es su voluntad para ustedes en Cristo Jesús.

1 Tesalonicenses 5:16-18, *NVI*

alegre *adj:* que fomenta una sensación de alegría; agradable

Hace años, estuve en una reunión creativa de un gabinete estratégico en el que había un panel de mujeres a las que nunca antes había visto. Pasamos un tiempo maravilloso hablando de distintos temas e intercambiando ideas. Era un grupo muy activo de mujeres que pensaban con rapidez y que podían expresar muy bien sus pensamientos.

Una de las mujeres era un poco más tranquila que el resto, pero sus comentarios y reflexiones eran increíbles. Luego de la reunión, la elogié por las ideas y reflexiones que expresó. La sorprendió un poco que me tomara el tiempo para elogiarla. Me agradeció y se marchó con una sonrisa en el rostro. Yo también.

No estoy segura de cómo te sientes en este momento. No obstante, si estás en los lugares bajos de la escala de la felicidad, quizá deberías regalar algo de felicidad. Dios nos promete que cosecharemos lo que sembremos. Si regalamos algo de felicidad... volverá a nosotras.

Proverbios 18:21 afirma: «En la lengua hay poder de vida y muerte; quienes la aman comerán de su fruto» (*NVI*). Nuestras palabras son medios poderosos que pueden traer heridas o sanidad. Con nuestras palabras, podemos edificar a los demás y poner una sonrisa en sus rostros o humillarlos y dejarlos heridos y deprimidos. «Por impetuoso que sea el viento, un timón diminuto puede hacer girar una nave inmensa hacia donde el timonel desee que vaya. De igual manera, la lengua es un miembro diminuto, ¡pero cuánto daño puede hacer!» (Santiago 3:4-5, *LBD*). Seamos la chica, la amiga, cuyas palabras traigan vida.

Muchísimas veces las tarjetas y las cartas que me han enviado me cambiaron el día. Algunas personas se toman el tiempo en sus cartas para ofrecer palabras de aliento y escribir cosas que aprecian de mí. Solo reparten un poco de felicidad.

Conservo esas cartas, y en los días que parecen sombríos, vuelvo a leerlas. Me hacen sonreír y me dan esperanza.

Paso diario

*Para aumentar tu gozo, ¿qué te parece
si hoy regalas un poco de alegría?*

Día 68

Fuente de vida es la boca del justo, pero
la boca del malvado encubre violencia.

PROVERBIOS 10:11, *NVI*

Nuestras palabras tienen muchísimo poder... quizá más del que seamos conscientes. Quiero que las palabras que salgan de mi boca le traigan vida a la persona con la que estoy o a la situación en la que me encuentro. Hay muchísimo poder en las palabras de aliento. A las personas les atraen los que alientan. ¡Así que seamos expertas en alentar!

Cuando le ofreces aliento a alguien, no solo le das un regalo, sino que en ese momento, al quitar los ojos de ti misma, vences el egocentrismo. Estar sentada en la sala de espera de radiación me dio la posibilidad de estar con muchas personas que necesitaban solo un poco de aliento. Debo admitir que era muy fácil sentir autocompasión, pero al mirar alrededor de la habitación, vi a muchas personas que necesitaban que quitara los ojos de mí misma y les dijera algo alentador. Mi frase preferida era: «¡Ya falta un día menos!».

Todos los días, la mayoría de nosotras nos enfrentamos al temor y a la negatividad desde adentro y desde afuera. Tal vez hasta dudemos de si podemos terminar lo que comenzamos a hacer. Muchas veces, una palabra de aliento cambia las cosas entre rendirse o continuar.

Cuando Jesús entraba en una situación, traía esperanza y aliento. Cuando las personas se desesperaban y tenían temor, cuando llegaban al límite de sus recursos, sus palabras les traían aliento. Las nuestras deberían producir lo mismo.

Las palabras de aliento son regalos. Preocúpate de ser alentadora con las personas que están en tu mundo. Si te resulta difícil, solo te falta práctica. ¿Por qué nos resulta más fácil señalar las debilidades que vemos en una persona en lugar de encontrar maneras de ser su alentadora? ¿Cómo podemos señalar con tanta facilidad la esfera en la que una persona puede mejorar y nos resulta tan difícil animarla cuando hace algo bien? ¡Créate la reputación de ser la persona más alentadora de la cuadra!

Paso diario

Hoy, realiza un ayuno de críticas...
aun si tienes una crítica
justificada o si sientes que tu
crítica es «constructiva»,
no la comuniques.
Solo por hoy, deja que nada más
que palabras alentadoras
salgan de tu boca.

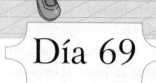

Día 69

Porque el Espíritu que Dios les ha dado no los esclaviza ni les hace tener miedo. Por el contrario, el Espíritu nos convierte en hijos de Dios y nos permite llamar a Dios: «¡Papá!».

ROMANOS 8:15, *TLA*

Hace varios años caminaba con mi familia por un cementerio en Gales. Nos habíamos enterado que nuestros antepasados emigraron a los Estados Unidos desde Gales siglos atrás. Descubrimos el pueblo en el que vivió la mayoría y nos divertimos explorándolo.

En el cementerio, encontramos una buena cantidad de sus lápidas. Fue interesante mirar las fechas... 1604-1655, 1783-1827. Sin embargo, aunque tenía mucha curiosidad por las fechas en las que nacieron y murieron mis antepasados, me interesaba más el guión del medio... porque me decía que vivieron.

¿Qué hicieron con su guión? ¿De qué manera vivieron? ¿Qué clase de trabajo realizaban? ¿Amaban a Dios? ¿Qué hacían para divertirse?

En tu lápida, también habrá dos fechas escritas. Me gustaría sugerir que la marca más importante *es* ese pequeño guión. ¿Qué estás haciendo con la vida que se te dio?

Si fueras a ganar la lotería, o si asistieras a un programa de juegos y ganaras miles de dólares, ¿qué harías con el dinero? ¿Lo esconderías debajo de tu cama? ¡Es probable que no!

¡Te divertirías mucho gastándolo o regalándolo! Y con todo, ese dinero no es nada en comparación de lo que se nos ha dado... vida en abundancia. ¡Así que no escondamos la vida que se nos dio debajo de la cama!

¡Deberíamos celebrar nuestra vida, no solo pasar los días a paso lento y pesado, soportando hasta que Jesús venga! Jesús dijo que vino «para que tengan vida, y para que la tengan en abundancia» (Juan 10:10, *LBLA*). Cristo quiere que tengamos vidas completas... quiere que experimentemos la alegría que se puede hallar en Él y que salgamos a compartir esa alegría con los demás. Así que, «no estén tristes, pues el gozo del Señor es nuestra fortaleza» (Nehemías 8:10, *NVI*).

Si echas un vistazo a la vida que tienes ahora y no te gusta demasiado, cambia algunas cosas. La vida que vives en este momento es el resultado de semillas que sembraste en el pasado, así que si quieres que sea distinta, siembra nuevas semillas en lugar de caminar sintiéndote mal por tu vida.

Paso diario

Siembra algunas semillas hoy a fin de
que logres tener la vida que quieres mañana.

Día 70

Dios amó tanto al mundo, que dio a su Hijo único, para que todo aquel que cree en él no muera, sino que tenga vida eterna.

JUAN 3:16, *DHH*

Dan nació con una enfermedad cardíaca degenerativa. Este problema estuvo en remisión durante la mayor parte de su niñez y adolescencia. Vivió la vida de un chico normal, llena de amigos, béisbol y drama. Entonces, en el penúltimo año del instituto, tuvo una falla terrible en el corazón. A finales de los años de 1980, tuvo que pasar varios meses en el centro médico de Sanford, en lo que se llama Fila de la Vida. Estaba a la espera de un trasplante de corazón. El 22 de diciembre el hospital envió a Dan a su casa para Navidad, suponiendo que moriría antes de que pudieran hallarle un corazón. Sin embargo, volvieron a llevarlo enseguida al hospital porque había un donante de corazón, y a los diecisiete años, a Dan le realizaron una cirugía exitosa de trasplante de corazón.

Tres días más tarde, el día de Navidad, su mamá le leyó Lucas 2 a Daniel mientras se recuperaba. Luego, leyó los montones de tarjetas para desearle una pronta recuperación, de parte de las personas de todo el país que oraban por él. Del montón sacó una tarjeta del medio oeste del país y leyó la siguiente nota[10].

Querido Dan:

Aunque no te conocemos, mi esposo y yo nos sentimos muy cerca de ti y de tu familia. Nuestro único hijo, Lloyd, fue tu donante de corazón. Saber que tienes su corazón ha hecho que nuestra pérdida sea mucho más fácil de soportar.

Paul y Bárbara Chambers[11]

Más adelante, Dan escribió lo siguiente acerca de esa experiencia:

Ya no podía contener las lágrimas. Y de repente, comprendí con más claridad que nunca la verdadera razón por la que deberíamos celebrar la Navidad. Al morir, el único hijo de los Chambers me dio vida. Al morir, el único Hijo de Dios me dio vida, vida eterna. ¡Sentía deseos de gritar mi agradecimiento por el nacimiento de Jesucristo!

«¡Gracias, Señor!», dije. «Y bendito seas», dije al pensar en el joven que firmó la tarjeta de donante que me otorgó el regalo de Navidad más increíble de todos. «Bendito seas, Lloyd Chambers»[12].

Dios nos amó tanto que dio lo mejor que tenía. Jesús firmó la tarjeta de donante y dijo: «Yo iré. Daré mi vida por la humanidad... a fin de que puedan estar conmigo en la eternidad».

Debido a ese regalo increíble, lo menos que podemos hacer es amar.

Paso diario

Lee varias versiones de Juan 3:16.
¡Obtén una imagen clara del
regalo que se te ha dado!

Día 71

Ama a Jehová tu Dios, obedécele y aférrate a Él, porque
Él es vida para ti y prolongación de tus días. Así podrás vivir
con seguridad en la tierra que Jehová prometió a tus
antepasados Abraham, Isaac y Jacob.

DEUTERONOMIO 30:20, *LBD*

amar *v*: un sentimiento profundo, tierno e indescriptible de afecto y preocupación por una persona, como el que surge del parentesco, del reconocimiento de cualidades atractivas o de una sentido de unidad subyacente

A ti y a mí nos crearon con un deseo de amar a Dios. Nos crearon con la capacidad de tener una relación con el Padre... no una clase de relación superficial y esporádica... ¡sino una apasionada!

Cuando te crearon... diseñaron y formaron con amor... se te dio un regalo maravilloso: la elección. No eres un títere. Aunque Dios anhela que lo ames, no puede forzarte y no lo hará. Como novia, no te forzaron a amar a tu esposo, tú lo elegiste. El amor de tu esposo por ti no fue obligatorio; fue su elección. Es lo que hace que sea tan poderoso... no se puede forzar... siempre se otorga con libertad.

En la película *Como Dios*, hay una escena en la que el personaje que interpreta Jim Carey le pregunta a Dios (interpretado por Morgan Freeman) cómo lograr que las personas te amen. Dios le responde: «Cuando lo descubras, cuéntamelo». Dios desea tu amor y tu devoción. Nos creó para que fuéramos su amada Novia, y con todo, no puede forzarnos para que lo amemos. Solo nos lo pide.

Las personas han tratado de hacer que el amor a Dios sea algo místico... pero no lo es. Algunos creen que si aman a Dios, deben hacer un voto de pobreza, darse golpes en el pecho o caminar de rodillas sobre vidrios rotos. *¡¡No!!* ¡Como si a Dios le diera placer nuestro dolor!

Entonces, ¿cómo le manifestamos al Creador del universo nuestro amor hacia Él? Bueno, podemos decírselo. Solo díselo.

Otra manera en la que comunicamos amor es pasando tiempo con las personas que amamos. Así que pasa tiempo con tu Dios. Lee la Biblia... su carta de amor para ti. De la misma manera en que lo harías con alguien que amas, conoce quién es Él, lo que le gusta y lo que no le gusta, y lo que lo conmueve.

Ama a Dios... Él te ama muchísimo.

Paso diario

Dile a Dios cuánto lo amas.
Levanta las manos hacia el cielo y solo ama
a tu Dios durante algunos minutos.

Día 72

pasión *sust:* sentimiento poderoso e intenso, entusiasmo sin límites

A través de los años, he leído novelas en las que el esposo y la esposa representados en la historia se tratan con verdadera indiferencia. No les importa lo que hace el otro, mientras no interfiera con su propia vida. No se detestan... eso supondría demasiada energía. Solo están aburridos y no quieren gastar la energía necesaria para restaurar la relación. Viven como compañeros de habitación desconectados.

Qué triste. Y más triste es darse cuenta de que esta situación no solo ocurre en las novelas: hay parejas para las que esto es una realidad.

Amo a mi esposo... y no de una manera aburrida, superficial o apática. Aunque es verdad que tenemos momentos tranquilos, relajados y para pensar, mi amor por Philip incluye pasión. Un sentimiento intenso.

Mi pasión se hace evidente cuando lo veo luego de varios días de estar separados. Mi pasión por él se hace evidente cuando tenemos un desacuerdo. Mi pasión se hace evidente por la manera en que lo escucho. Mi pasión se hace evidente en el dormitorio.

La pasión... es algo bueno... y evita que cualquier relación se vuelva rutinaria.

Cuando les preguntan si aman a Dios, algunas personas responden: «Bueno, por supuesto que amo a Dios. Voy a la iglesia, ¿no es cierto?». Es como decir que porque vas a tu casa, debes amar a tu esposo. Jesús nos pidió que amáramos a Dios con *todo* nuestro corazón, nuestro ser y nuestra mente.

Amar a alguien con todo tu ser supone sentimientos. Amar a alguien con toda tu mente supone intelecto. No podemos ser poco apasionadas ni poco inteligentes en nuestro amor a Dios. No podemos tener un amor apático y superficial por nuestro Dios.

Amemos con pasión al Amante de nuestra alma.

Paso diario

*¿Cómo puedes expresar con
pasión tu amor por Dios?*

Día 73

Amados, pongamos en práctica el amor mutuo, porque el amor es de Dios. Todo el que ama y es bondadoso da prueba de ser hijo de Dios y de conocerlo bien. El que no ama no conoce a Dios, porque Dios es amor. Dios nos demostró su amor enviando a su único Hijo a este perverso mundo para darnos vida eterna por medio de su muerte.

1 JUAN 4:7-9, *LBD*

A muchas personas en nuestro mundo les cuesta dar o recibir amor. Es probable que se deba a que no los amaron cuando eran pequeños... y también a que no les enseñaron acerca del maravilloso amor de su Padre celestial. Si esta es la realidad en tu vida, lo siento... y me alegra que estés camino al amor.

Mis hijos aprendieron a abrazar porque Philip y yo los abrazamos. ¡Aprendieron a dar besos porque pasamos mucho tiempo besando sus rostros tan lindos! Aprendieron a decir «te amo» porque nos escucharon decirlo. Aprendieron a amar porque fueron amados.

La única razón por la que puedo amar es porque soy amada. Dios me amó tanto que envió a su Hijo, a su único Hijo, a la tierra. Envió a Jesús a pagar el castigo por todos mis errores. Jesús murió para que yo pudiera vivir. ¿Hay acaso mayor amor? No lo creo.

Jesús vino para que pudiera tener una relación con Dios. Su «sacrificio expiatorio» limpió mi pecado y el daño que le causé a mi relación con Dios. Jesús salió del cielo y vino a la tierra a pagar por pecados que no cometió. Lo hizo porque amó. Como su hermanita, creo que es lo menos que puedo hacer. Debo pasar la vida amando a la humanidad. También tú.

Una de las mejores maneras de comunicar mi amor por Dios es amándote a ti. Como soy tan amada, ahora puedo amar a otros. También tú. Le demostramos a Dios que lo amamos por la manera en que amamos a los demás.

Jesús nos dijo que el mundo sabría que somos sus discípulos... no por la Biblia grande que llevamos, no por la pegatina ingeniosa que hay en el parachoques del auto, no por la cantidad de veces que vamos a la iglesia... sino por nuestro mutuo amor. Debemos transformarnos en expertas en amar a los demás. A pesar de los distintos trasfondos, de los diferentes estilos de personalidad, de las diversas culturas, de los gustos tan variados... debemos transformarnos en expertas en amar.

Paso diario

¿Puedes pensar en alguien que sea el amor personificado? ¿De qué manera práctica puedes «amar a tu prójimo como a ti misma»?

Eso sí es amor verdadero. No es que nosotros hayamos amado a Dios, sino que Él nos amó tanto que estuvo dispuesto a enviar a su único Hijo como sacrificio expiatorio por nuestros pecados.

1 Juan 4:10, *LBD*

Día 74

¡Que el amor sea siempre para ustedes la más alta meta!
Desde luego, pidan también los dones que da
el Espíritu Santo, especialmente el don de profecía, que los
capacitará para predicar el mensaje de Dios.

1 CORINTIOS 14:1, *LBD*

En ocasiones, ¡es mucho más sencillo amar desde lejos que amar a los que viven en mi casa! Mi esposo es un hombre maravilloso. Sin embargo, ¡hay veces en las que amarlo es *difícil!* Siempre pienso: *¡Si solo se pareciera más a mí!* Porque, después de todo, soy casi perfecta (¡ja, ja!), así que si se pareciera más a mí, sería mucho más fácil.

Mi tarea es amarlo de todas formas... y llegar a ser una experta en comunicarle amor a mi esposo. Si estás casada, pregúntale a tu esposo lo que le hace sentirse amado (¡y te garantizo que es más que solo relación sexual!).

A Philip le gusta ver el béisbol... en vivo y por televisión. No me gusta demasiado sentarme frente al televisor. No crecí mirando televisión, así que no me resulta divertido. Sin embargo, como amo a mi esposo y quiero demostrarle ese amor... ¡me siento a su lado y veo cómo los Yanquis juegan para ganar!

Tú y yo podemos realizar muchas tareas a la vez sin problemas, pero la mayoría de los hombres no. No están equivocados, solo son distintos. Tú y yo podríamos estar entablando una conversación, preparando la cena y ayudando a nuestro hijo con su tarea, todo al mismo tiempo. Ninguna de nosotras sentiría que la otra no está escuchando.

La mayoría de los hombres no es así. Si no les damos el cien por cien de nuestra atención visual, sienten que no estamos escuchando... aun si podemos repetir lo que acaban de decir. Mi esposo es así, por eso he aprendido a dejar de hacer otras cosas cuando necesita que lo escuche. ¿Por qué? Porque quiero comunicarle que es importante para mí y que lo amo.

> **comunicación** *sust:* el intercambio de pensamientos, mensajes o información, mediante el habla, señales, la escritura o el comportamiento

La comunicación supone más que solo las palabras que les decimos a nuestros esposos. Supone demostrar a través de nuestras palabras y acciones que los escuchamos. Significa dejar nuestros intereses a un lado, a fin de poder involucrarnos de manera activa en la vida de nuestros esposos... aun cuando no tengamos deseos de hacerlo.

Así que transformémonos en expertas... o al menos en algo cercano... en amar a nuestros esposos. Dediquémonos a una vida de amor como si nuestras vidas dependieran de ello. Transformémonos en expertas en la verdadera comunicación del amor, de modo que nuestros esposos lleguen a sentirlo. ¿Cuán maravilloso sería nuestro mundo si todos los esposos y esposas se demostraran en verdad un amor tan grande?

Paso diario

*Ve a comprar un libro
acerca del matrimonio o
de las relaciones...
¡y luego léelo!*

Día 75

Esto, pues, es lo que les mando: Que se amen unos a otros.

JUAN 15:17, *DHH*

Es muy fácil que nos abrume la tragedia que vemos cada día en toda la tierra. No podemos pasarla por alto ni podemos darle la espalda al dolor que vemos en la humanidad. En su lugar, tenemos que transformarnos en expertas en amar... de persona en persona. Comienza en tu hogar... con tu esposo y tu familia, y luego con tus amigos y con el padre soltero que conozcas... de persona en persona.

A veces, al examinar el sufrimiento que nos rodea, podemos sentirnos impotentes para cambiarlo. La verdad es que hay muchas oportunidades para que tú y yo alcancemos a las personas que sufren. Estoy segura de que no sería necesario que salgas de tu propia calle. Platón dijo: «Sean amables, porque todos pelean una batalla más difícil». Los humanos son humanos sin importar a donde vayas, y nunca sabes lo que atraviesan las personas en sus hogares.

«Eres fuente de jardín, pozo de agua viva, refrescante como las corrientes que manan de los montes del Líbano» (Cantares 4:15, *LBD*). Dios te llama «fuente de jardín». Eres un pozo de agua viva. Eres refrescante. ¡Me encanta esa imagen! ¿No es maravilloso saber que eres una bocanada de aire refrescante en este planeta?

Tal vez haya una mujer con VIH que necesita que refresques sus pensamientos acerca de la vida... del amor... de Dios. Tal vez haya una mujer que lucha en su matrimonio... estoy segura de que tienes varias respuestas para sus preguntas. Hay maneras muy sencillas de amar a las personas: prepararle una comida a alguien, invitar a una familia a almorzar, llevar en auto a una mujer mayor a la iglesia, concentrarte en amar a tu esposo, en lugar de pensar en las maneras en que debería amarte.

Tienes algo para dar, y si nuestro Dios vivo habita en tu corazón, hay suficiente amor dentro de ti para la humanidad... para los que están deshechos... para los rechazados... para los no deseados y los olvidados... para los que no inspiran amor.

Mi amiga Shanelle dice lo siguiente: «El mensaje de amor y esperanza de Jesús fue global, pero lo puso en práctica en forma local». Recuerda: de persona en persona. Comienza donde estás con las personas en tu lugar del mundo. Es increíble tener la oportunidad de viajar por el mundo y ofrecer esperanza, pero a veces hace falta una fuerza mayor para llamar a la puerta de tus vecinos y ofrecerles esperanza.

Paso diario

¿Qué cosa práctica puedes hacer hoy
a fin de demostrar amor por alguien en
tu mundo? Hazlo.

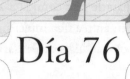

Día 76

Escuchen bien lo que tengo que decirles:
Amen a sus enemigos, y traten bien a quienes los maltraten.
A quienes los insulten, respóndanles con buenas palabras.
Si alguien los rechaza, oren por esa persona.

Lucas 6:27-28, TLA

Estaba sentada cerca del frente de uno de esos aviones muy pequeños, esperando el despegue. A mi lado, había un asiento vacío, y esto me alegraba porque podría estirarme unos siete centímetros más... ¡¡Viva!! Justo en ese momento, una mujer subió a bordo del avión y comenzó a quejarse. No le gustaba el tamaño del avión ni el hecho de que su equipaje de mano no cupiera en el compartimiento superior. Se quejó por el retraso en el despegue y por casi todo lo demás.

Para mi gran disgusto, el asiento de esta mujer enojada era junto al mío. No solo perdí mis valiosos siete centímetros, sino que también tenía a una cascarrabias sentada a mi lado. ¡Ay!

Abrí un libro, me aparté de la mujer y comencé a leer. Sin embargo, no había terminado una página, cuando escuché una voz del cielo que me susurraba: «Pregúntale cómo está». *¿Qué?* ¿Dios quería que hablara con esta mujer tan mala? ¡De ninguna manera! Así que me quedé allí sentada, fingiendo leer.

Pasaron algunos minutos, y supe que debía obedecer la voz de mi Padre. Así que, con mucho temor, le pregunté a la mujer cómo estaba. Se dio vuelta, me miró y comenzó a llorar. Dijo que acababa de enterarse de que tenía una enfermedad letal y que se dirigía a su ciudad para hablar con los médicos. Comencé a hablar con ella, a darle palmaditas en la mano, a orar por ella y a ofrecerle ayuda en la manera que pudiera.

¿Y si hubiera pasado por alto el susurro de mi Dios? ¿Y si hubiera dejado que mi prejuicio contra una mujer enojada evitara que abriera la boca?

Un día caluroso, Jesús se sentó en un pozo a descansar. No fue casualidad que eligiera este pozo ese día, en ese momento. Este momento estaba a punto de transformarse en una cita divina. En el pozo, le preguntó a la samaritana si le daría de beber. Ella se quedó sorprendida cuando le habló. Era una samaritana, una mujer y una pecadora... y con todo, Jesús le habló. No juzgó su condición, aunque sabía cuál era. La aceptó. Solo al hablar con ella, le dio valor. Su aceptación y su amor abrieron su corazón, así que poco después corrió al pueblo a contarlo todo acerca de este hombre llamado Jesús.

Asegurémonos de que nos conozcan más por nuestro amor y aceptación que por nuestros juicios.

Paso diario

*Lee la historia de la mujer
en el pozo en Juan 4.
¿Qué te dice esta historia?*

Día 77

Poco después, Jesús dijo: «¡Padre, perdona a toda esta gente! ¡Ellos no saben lo que hacen!» Mientras los soldados hacían un sorteo para ver quién de ellos se quedaría con la ropa de Jesús.

LUCAS 23:34, *TLA*

En algún momento durante la guerra de Corea, los comunistas arrestaron a un civil cristiano de Corea del Sur y ordenaron que lo mataran. Sin embargo, un joven líder comunista descubrió que el civil era director de un orfanato que se ocupaba de niños pequeños. Decidió perdonarle la vida; así que, en cambio, ordenó que el hijo del hombre muriera en su lugar. Por lo tanto, mataron al hijo de diecinueve años de este hombre, delante de él.

Luego, la situación de guerra cambió y las fuerzas de la ONU capturaron al joven líder comunista. Lo juzgaron y lo sentenciaron a muerte. Aunque parezca mentira, antes de que pudiera llevarse a cabo el castigo, el civil cristiano fue a rogar por la vida del líder... el mismo hombre que asesinó a su hijo. El civil explicó que el joven líder no se dio cuenta de lo que hizo y le pidió al tribunal que le diera al joven, diciendo: «Dénmelo a mí y yo le enseñaré».

Las fuerzas de la ONU aprobaron la petición del civil, y este se llevó al ex líder comunista y se ocupó de él... en su propio hogar. El tremendo amor y la restauración que este padre le dio al joven comunista abrieron los ojos del joven al amor de Cristo. Hoy en día, el mismo joven que una vez fuera un asesino, es ahora un pastor cristiano que sigue y sirve a Jesús[13].

Esta clase de perdón siempre me conmueve... y me sobrecoge un poco. ¡A mí me molesta cuando alguien me miente o dice algo con maldad! Hace poco, tuve que quedarme callada mientras alguien decía cosas horribles acerca de mí. No pude defenderme ni tomar represalias. Fue una de las cosas más difíciles que he tenido que hacer. O al menos, creí que lo era... hasta que llegué a mi casa y me di cuenta de que tenía que perdonar a esa persona.

Una de mis tareas es demostrar el amor de Jesús a las personas de mi mundo lo mejor que pueda. Y eso supone perdonar. Perdonar nunca es fácil. El deseo de venganza es más fácil. Con todo, si Jesús perdonó a sus asesinos, mi llamado es a que no haga nada menos... y el tuyo también.

Paso diario

¿A quién necesitas perdonar en tu mundo?
Comienza a perdonar. Se empieza con
una decisión de la voluntad... y tal vez
tengas que perdonar varias veces
hasta que llegue a tu corazón.

Día 78

Esto es lo que pido en oración: que el amor de ustedes abunde [o florezca] cada vez más en conocimiento y en buen juicio, para que disciernan lo que es mejor, y sean puros e irreprochables para el día de Cristo, llenos del fruto de justicia que se produce por medio de Jesucristo, para gloria y alabanza de Dios.

FILIPENSES 1:9-11, *NVI*

florecer *v:* crecer bien o de manera exuberante; crecer con fuerza

Debo confesarlo... me encanta un buen romance. Me gustan los libros o las películas que tienen una historia de amor. Y mi esposo, que lo sabe, a veces dice: «Holly, vayamos a ver esta película... tiene una relación y todo». (Es probable que también tenga varias explosiones, pero según él, ¡al menos tiene una relación!).

Aunque está bien que nos guste el romance, no cometas el error de pensar que el verdadero amor se parece a un libro o a una película romántica. El verdadero amor no se trata de la iluminación perfecta que hace que nuestra piel se vea maravillosa, ni de la ropa perfecta, ni de las personas perfectas. El verdadero amor se trata de verdaderas personas que hacen un verdadero esfuerzo para amar a otras verdaderas personas.

Nuestro amor debería abundar «en conocimiento y en buen juicio». El amor no se trata de lo que sentimos... el verdadero amor implica acción. Dios nos amó tanto que hizo algo... entregó a su Hijo. Como amantes en la tierra, nuestro amor debería ser verdadero, práctico y fructífero. El amor que expresamos debería hacer que Jesucristo les resulte atrayente a todos.

¿Amas a las personas de una manera que los atraiga a Jesús? A través de los años, varias personas me han dicho que lo que las atrajo a la iglesia fue el amor que vieron entre las personas allí... no un amor efusivo y sentimental, sino un amor que era sincero. La mayoría de las personas está sedienta de amor y aceptación. Jesús puede dárselos... pero a menudo necesitan verlas primero en nosotros.

El diccionario dice que la palabra «amor» es un sustantivo. Sin embargo, algo muy importante es que también existe el verbo «amar». Amar es la acción que llevamos a cabo, la expresión que realizamos que trae parte del cielo a la tierra. Nuestra tarea no es solo experimentar el amor de nuestro Padre, sino también ser su mano y demostrarles ese amor cada día a las personas con las que nos encontramos.

Paso diario

¿En qué tres maneras prácticas puedes demostrar amor hoy? Ponlas en práctica.

Día 79

Nadie tiene amor más grande que el dar la vida por sus amigos.

JUAN 15:13, *NVI*

Una vez, un hombre llamado Sadhu Sundar Singh viajaba con un compañero en lo alto de los montes Himalayas, cuando se tropezaron con un cuerpo tirado en la nieve. Sundar Singh quiso detenerse a ayudar al hombre, el cual seguro moriría sin su ayuda, pero su amigo se negó a detenerse, gritando: «Perderemos la vida si cargamos con él».

Sundar Singh no pudo dejar al hombre para que se muriera. Su compañero le dijo adiós y siguió adelante. Sundar Singh utilizó toda su fuerza para colocarse al hombre en la espalda y llevarlo a cuestas. Aunque le resultaba pesado, el calor del cuerpo de Sundar Singh comenzó a calentar al hombre congelado, y al final, el hombre se recuperó. En poco tiempo, pudieron comenzar a caminar lado a lado. Mientras viajaban juntos para alcanzar al ex compañero de Sundar Singh, lo encontraron: tendido muerto en la nieve... congelado por el frío[14].

No sé si alguna vez te llamarán a dar tu vida real por alguien. Con todo, sí sé que te pedirán que dejes de lado tus derechos... aun lo que es conveniente... por otra persona. No sé cuál es tu caso, pero para mí, ¡a veces sería más fácil recibir un balazo por alguien en lugar de dejar de lado mi ego!

En ocasiones, cuando tengo una discusión intensa (una pelea) con Philip, dejo de intentar que sepa lo que pienso. En cualquier discusión, se necesitan dos personas. En general, me gusta tener la última palabra... me gusta probar lo que estoy diciendo... pero como amo a mi esposo, a veces solo dejo de intentar probar algo. Dejo de lado mi ego. Y debo decirte que no es fácil... al menos no para mí.

Hay momentos en que tengo que esforzarme muchísimo para hacer algo por alguien. Y a decir verdad, lo primero que pienso es: *¿Cómo puedo librarme de esto?* ¡Gracias a Dios que no tenemos que ceder a nuestro primer pensamiento! A menudo, lo segundo que pienso es una manera de hacerlo, porque el amor, el verdadero amor, significa molestarme a veces.

Paso diario

Hoy, en lugar de intentar probarle lo que dices a alguien, solo guarda silencio y escucha a la persona. Además, haz algo por alguien que te resulte molesto.

El amor es paciente, es bondadoso. El amor no es envidioso ni jactancioso ni orgulloso. No se comporta con rudeza, no es egoísta, no se enoja fácilmente, no guarda rencor. El amor no se deleita en la maldad sino que se regocija con la verdad. Todo lo disculpa, todo lo cree, todo lo espera, todo lo soporta [...]Ahora, pues, permanecen estas tres virtudes: la fe, la esperanza y el amor. Pero la más excelente de ellas es el amor.

1 CORINTIOS 13:4-7, 13, *NVI*

«Ama de manera exagerada»... bueno, ¡ahí tienes una meta! El amor tal vez sea misterioso por la manera en que surge, pero es muy práctico por la manera en que se vive. El amor no existe solo en el cosmos... el amor tiene que estar dirigido a alguna parte.

En estos versículos, Pablo le da a la iglesia de los corintios consejos muy prácticos acerca de cómo amar. Comienza diciendo que el amor es paciente. Un buen consejo, porque habrá momentos en este viaje del amor en los que se tornará difícil y querrás dejar de demostrar amor.

El verdadero amor se hace la siguiente pregunta: «¿Qué sería bueno para _____?», en lugar de lo que sería bueno para mí. Si todos lo hiciéramos, me pregunto cuántas demandas menos habría.

El verdadero amor dice: «Ve tú primero... puedes elegir primero». El verdadero amor no se parece a las gaviotas de *Buscando a Nemo*, que graznaban sin cesar: «¡Mío!», ¡cuando veían un sabroso pez! El verdadero amor dice: «¡Toma la delantera!».

El verdadero amor no guarda rencor por los errores del pasado. Una vez, un consejero me contó acerca de una pareja que fue a su oficina.

La esposa decía que estaba harta del libro negro de su esposo. El consejero, pensando que comprendía lo que era el libro negro, le dijo a la mujer: «Comprendo por qué».

Sin embargo, el consejero quedó aun más atónito cuando la mujer reveló que en este libro negro, ¡su esposo llevaba un registro de todo lo que ella había hecho mal en el matrimonio desde el comienzo! En su mente, el esposo utilizaba el libro negro para «ayudarla». Es muy triste que no comprendiera que el verdadero amor no lleva la cuenta de las faltas. El verdadero amor perdona.

Paso diario

Primera de Pedro 4:8 dice: «Ante todo, tened entre vosotros ferviente amor; porque el amor cubrirá multitud de pecados. Hospedaos los unos a los otros sin murmuraciones» (RV-60). ¿Qué te dice este versículo?

Día 81

Nosotros somos creación de Dios. Por nuestra unión con Jesucristo, nos creó para que vivamos haciendo el bien, lo cual Dios ya había planeado desde antes.

EFESIOS 2:10, *TLA*

Mis queridos hermanos, sigan firmes y constantes, trabajando siempre más y más en la obra del Señor; porque ustedes saben que no es en vano el trabajo que hacen en unión con el Señor.

1 CORINTIOS 15:58, *DHH*

Por la mañana, suena el despertador y comienzan las tareas del día. Comer un poquito de agropiro (¡qué asco!)... pasar tiempo devocional con mi Dios... hacer ejercicio... preparar el desayuno para la familia... preparar almuerzos... darme una ducha... ir a trabajar... asistir a reuniones... escribir... realizar llamadas telefónicas... entrenar... crear... pensar... estudiar... prepararme para un viaje... asistir al juego de baloncesto de Paris... ¿qué cenamos?... ayudar con la tarea escolar... tener tiempo de familia... tiempo con mi esposo... leer... buenas noches...

¡Y luego, todo vuelve a comenzar!

En verdad llevo una vida ocupada y completa. En una época, sentía que debía disculparme por ella... pero ya no. Estar ocupada no es algo malo. El apóstol Pablo estaba ocupado; Jesús estaba ocupado. Estoy ocupada «trabajando siempre más y más en la obra del Señor». Mi día es un conjunto de momentos enhebrados juntos. A cada momento, de la mejor manera que puedo, voy en busca del propósito para el que me crearon.

He descubierto que mis adolescentes se meten en problemas cuando tienen demasiado tiempo de ocio. El tiempo para descansar es bueno. El tiempo de ocio no. Nos crearon para la acción.

Ahora bien, tal vez estés ocupada porque te dedicas a cosas a las que no debieras dedicarte. Tal vez pierdas tiempo al invertir en esferas a las que no perteneces... no necesariamente esferas que sean malas, sino solo esferas que no son parte del camino que Dios diseñó para ti. Es estar ocupada al dedicarse a cosas que no importan... a cosas que no producen buen fruto... a cosas que no le agradan a Dios... a cosas que no construyen su reino... que constituyen el problema.

Te crearon para unirte a tu Dios en la obra que hace. No te crearon para sentarte y observar, sino para ser una participante activa al ver cómo la obra de Dios se cumple en la tierra. Él tenía planes maravillosos cuando sopló vida en ti. Te ha restaurado en Cristo a fin de que logres cumplir con todo lo que Dios tenía en mente para ti. Te ha preparado para realizar buenas obras. No puedo hacer tu parte. Nadie más puede.

Tú y yo deberíamos tener una vida completa. Solo vives una vez. Haz que valga la pena.

Paso diario

Mira tu día con sinceridad. ¿Estás ocupada porque te dedicas a las cosas de Dios o es que solo estás ocupada?

Día 82

Tú sigue por el buen camino y haz siempre lo correcto,
porque solo habitarán la tierra y permanecerán
en ella los que siempre hagan lo bueno.

PROVERBIOS 2:20-21, *TLA*

---

permanecer *v:* persistir o perdurar hasta el final

Me consuela saber que soy parte de algo superior. Mi parte es muy importante, pero no es todo (¡lo cual me quita la presión de encima!).

Hace poco, nuestra iglesia juntó dinero para enviar a una organización llamada «El Tren de la Sonrisa». Esta organización prepara a doctores locales en varios países alrededor del mundo para restaurar los rostros de niños que sufren de paladar hendido. Nuestra iglesia envió alrededor de veinticuatro mil dólares, que ayudarían a colocar una sonrisa en los rostros de unos noventa y cuatro niños. ¿No es maravilloso?

Siempre estaré agradecida por formar parte de una compañía increíble de hombres y mujeres que se juntan para lograr un cambio en el mundo. Tú también formas parte de esto. Eres parte de una compañía... una compañía maravillosa de hombres y mujeres en todo el mundo. Y si cada uno de nosotros hace su parte, «[habitaremos] la tierra». Traeremos un poco del cielo a la tierra.

Durante este último mes, he observado a mi hija jugar muchos partidos de baloncesto. En el primer juego, me di cuenta de que incluso antes de que el partido hubiera llegado a la segunda mitad, a mi hija no le quedaba aliento. Y aunque jugó lo mejor que pudo en la segunda mitad, no se podía comparar con su desempeño en la primera mitad. Me preguntaba si llegaría. Sin embargo, ahora, luego de muchas horas de práctica y preparación física, a veces se desempeña mejor en la última cuarta parte. Se ha entrenado para ser una jugadora que permanece.

Necesitas ser una mujer que permanece. Tal vez ahora te sientas un poco débil y fuera de forma, pero puedes entrenar para ser una mujer que tenga la misma fortaleza al final del día que al principio. A fin de permanecer, solo hace falta práctica y compromiso.

Sé la mujer que no se rinde en su trabajo. Sé la mujer que permanece en su matrimonio. Sé la mujer que permanece en la iglesia. Sé la mujer que permanece en sus amistades.

Paso diario

Una de las definiciones de «integridad» es «la característica o condición de ser completo o íntegro». ¿Te describe esa definición? De lo contrario, ¿estás comprometida con el viaje hacia la integridad?

Día 83

¡Felices los que en ti encuentran ayuda,
los que desean peregrinar hasta tu monte!

SALMO 84:5, *DHH*

---

peregrinación *sust.*: un largo viaje o búsqueda, en especial uno de propósito elevado o trascendencia moral

Entre mi penúltimo y último año del instituto, hicimos un largo viaje con mi familia en una caravana. Subimos desde Tejas hasta Nueva Inglaterra, para que pudiera realizar una entrevista en unas trece universidades distintas (¡todavía no me había decidido!). En mi familia, nadie había estado nunca antes en una caravana. No nos gustaba acampar... no sé lo que habría sucedido si nos hubiéramos quedado en una isla desierta (¡es alarmante pensarlo!). Nuestra idea de «pasar sin comodidades» era quedarnos en un hotel sin servicio de habitación, ¡así que no sé en qué estábamos pensando cuando comenzamos esta maravillosa aventura en la caravana! Sin embargo, tuvimos algunos momentos muy graciosos. ¡Al menos graciosos para mí!

La caravana se rompió antes de que saliéramos de Tejas, así que pasamos horas en el mecánico mientras la reparaban. Luego, esa noche llegamos tan tarde al camping para caravanas, que no veíamos dónde conectar las mangueras. Una noche sin baño... ¡qué alegría! El espacio era tan reducido que todos escuchábamos cada sonido que hacía el otro... cada sonido... ¡qué alegría!

Un día, mi papá estaba cansado de conducir, así que se detuvo para dejar que mi mamá tomara el volante. Mientras estábamos detenidos, comenzó a subir por la corta escalera que había detrás del asiento del conductor, a fin de poder descansar en la cama ubicada allí. Bueno, mi mamá no esperó a que estuviera acomodado... tenía una misión. Partió... y también mi papá. Voló por el aire desde el frente de la caravana hasta la parte trasera, y aterrizó en la mesa, mientras en su trayecto gritaba: «¡Sherrrryyyyyy!». Me reí hasta que me corrieron lágrimas por las mejillas. ¡Creo que a él le llevó varios años pensar que fue gracioso!

Nuestro largo viaje, nuestra peregrinación, al fin llegó a su término, y me aceptaron en la universidad que elegí. ¡Así que al menos valieron la pena esas semanas en una caravana atestada!

Es bueno tener aventuras y viajar a lugares nuevos, pero es aun más importante mantener la mente en movimiento... probar y pensar cosas nuevas. Y es aun mejor mantener nuestros corazones comprometidos con el largo viaje de cumplir con nuestro propósito.

No quedes estancada haciendo lo mismo de siempre. Lucha contra ser alguien promedio.

Paso diario

Intenta algo nuevo hoy.

Día 84

Mandó a decirle: «No te imagines que por estar en la casa del rey serás la única que escape con vida de entre todos los judíos. Si ahora te quedas absolutamente callada, de otra parte vendrán el alivio y la liberación para los judíos, pero tú y la familia de tu padre perecerán. ¡Quién sabe si no has llegado al trono precisamente para un momento como este!»

ESTER 4:13-14, *NVI*

El rey Salomón dijo que todo tiene su tiempo y su hora (lee Eclesiastés 3:1). Eso significa que hay un momento para hablar y un momento para callar. La parte difícil es aprender cuál es cuál.

Hubo momentos en que hablé y solo ocasioné más caos. Y en otras ocasiones guardé silencio cuando le habría resultado más útil a Dios si hubiera hablado.

Ester se enfrentó a un momento como ese. Ganó un concurso de belleza y disfrutaba de la vida en el palacio. Cuando se enteró de que Amán planeaba matar a los judíos, se sintió mal, pero no sabía qué hacer. Sin embargo, su primo Mardoqueo le recordó que quizá Dios la hubiera puesto en la realeza para hacer el bien... y para hacerlo de inmediato.

La palabra hebrea para «Ester» es *Jadasá*, la cual significa «mirto». El arbusto del mirto es hermoso y fragante. Además, puede permanecer en cualquier clase de clima.

Lo mismo sucedía con Ester. En verdad era hermosa, y en medio de una amenaza, aceptó el desafío. Arriesgó la vida y fue a presentar su caso ante el rey. Él la escuchó, le creyó y la ayudó.

Así que, en un día igual a todos, Dios usó a una chica huérfana con un pasado para salvar a su pueblo.

Tú y yo hemos llegado a una posición en la realeza a fin de que podamos hablar por los que no pueden defenderse. Hemos llegado a la posición de realeza de modo que logremos hacer el bien donde estemos.

Edmond Burke dijo: «Lo único que se necesita para que triunfe el mal es que los hombres buenos no hagan nada». En nuestra época, seamos de las que hacen cualquier cosa para que prevalezca el bien de Dios. No guardemos silencio en las ocasiones en que sería de ayuda decir lo que pensamos.

Paso diario

¿Se te ocurre alguna vez en la que tendrías que haber dicho lo que pensabas... cuando tendrías que haber arriesgado algo... pero no lo hiciste? ¡Toma la decisión de no volver a hacerlo!

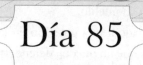

Día 85

Gabriel se le apareció y le dijo:
—¡Alégrate, muy favorecida! El Señor está contigo.
¡Bendita eres entre las mujeres!

LUCAS 1:28, *LBD*

Mi esposo es un hombre maravilloso, pero creo que no recuerdo una vez en la que sus primeras palabras para mí fueran: «Buenos días, Holly, ¡bendita eres entre las mujeres!». Por lo general, habla entre dientes hasta que llega a la cafetera. Bueno, la verdad es la siguiente... Nunca comencé el día diciendo: «Buenos días, Philip, ¡qué hombre tan atractivo eres!». Tal vez debiera comenzar... Creo que lo haré... mañana. ¿No se quedará atónito?

Ya sea que cualquiera en tu familia te diga lo hermosa que eres al comenzar la mañana o no... tu Padre celestial lo hará. Él quiere que comiences el día sabiendo cuán hermosa piensa que eres. Cuando opto por pasar tiempo con Dios cada mañana, percibo su amor y siento su alegría. Al leer su Palabra, me dice que soy hermosa. Y no se refiere al estado de mi cabello ni a mi falta de maquillaje. Se concentra en mi corazón y mi alma.

Pasamos horas arreglando nuestro exterior... y no hay ningún mal en sacar el máximo provecho de lo que tenemos. Después de todo, muchas personas ven tu exterior... ¡es mejor que les des algo agradable para mirar!

No hay ningún mal en probar nuevos estilos ni querer lucir lo mejor posible. ¡Vamos, esfuérzate para lograrlo! Sin embargo, la triste verdad es que a todas nos pasan los años... y lo único que cambia con certeza es tu apariencia. Así que, cuando te embellezcas, asegúrate de embellecer tu corazón.

He conocido a algunas mujeres mayores que están amargadas y enojadas con la vida que tienen. Al mirar viejas fotografías, podía ver jóvenes hermosas. Es lamentable, pero invirtieron más tiempo en su cabello y su maquillaje del que invirtieron en su alma, porque ahora, en el ocaso de su vida... no son tan lindas por dentro.

Embelleces tu corazón y tu alma cuando llevas una vida rendida a tu Dios. Tu corazón es hermoso cuando le dices «sí» a tu Dios... cuando le permites que te moldee, que te corrija y te limpie.

Paso diario

¡Escucha y oye cómo el que ama tu alma te dice lo hermosa que eres!

Día 86

La noche ya se extingue; el día de su regreso despuntará pronto. Dejemos de actuar en las tinieblas y vistámonos las armaduras del bien, como corresponde a quienes viven a la luz del día.

ROMANOS 13:12, *LBD*

Tengo algunas amigas que son increíbles. Pueden quedarse profundamente dormidas durante cualquier película. Y no es una siesta tranquila de dos minutos... es la clase de sueño en la que roncas y bamboleas la cabeza. No importa si es una historia de amor o una película llena de persecuciones en auto y explosiones; se quedan dormidas. Pagan nueve dólares por una siesta de dos horas. No lo comprendo. Les digo: «Oye, si estás tan cansada, puedes tomar una siesta y podemos ver la película más tarde». Me dicen que no importa. Sin tener en cuenta cuándo vean la película, se dormirían. Bueno... como sea. Sigo sin comprenderlo.

Aunque creo que es bastante patético dormirse durante una película, es aun peor dormirse en la vida. En este versículo, ¡el apóstol Pablo les dice a los romanos (y a nosotros) que se despierten!

Prende el televisor en cualquier canal de noticias, incluso durante un minuto, y oirás acerca de dolor o sufrimiento en alguna parte del mundo. Oirás acerca de un virus que asusta a las personas. Oirás acerca de otro desastre natural que ha cobrado miles de vidas y millones de dólares en daños. Tal vez oigas acerca de alguien que asesinaron o secuestraron. Es cierto, en nuestro mundo suceden cosas trágicas. Necesitamos estar despiertas y atentas de modo que podamos ayudar. Podemos orar, podemos ofrecer ayuda económica donde haga falta y podemos guiar a los que tienen miedo hacia una relación con su Creador.

Al mismo tiempo, necesitamos estar despiertas a lo que está haciendo Dios. En toda la tierra suceden cosas maravillosas. Hace poco, vi un vídeo de un hombre que predicaba en África, y en la audiencia había más de un millón de personas. Había un mar interminable de personas que tomaban la decisión de seguir a Dios. En China, millones de creyentes se juntan en reuniones secretas. Cientos de ellos sacrifican sus vidas por lo que creen. En Sudamérica, miles de jóvenes se reúnen... no para causar problemas, sino para adorar a Dios.

En toda la tierra, Dios se está moviendo en los corazones de hombres y mujeres. Está dándole los toques finales a la obra de salvación que comenzó. Está reuniendo a su Novia.

¡Despierta y presencia la gloria de nuestro Dios!

Paso diario

¡Dale gracias a Dios por lo que está haciendo en toda la tierra! Pregúntale qué puedes hacer para aliviar el dolor y el temor de alguien. Podría ser alguna persona de tu círculo... no es necesario que sea alguien que esté del otro lado del mundo.

Día 87

Ahora bien, sabemos que Dios [siendo un colega en su labor]
dispone todas las cosas para el bien de quienes lo aman [y encajan en
un plan], los que han sido llamados de acuerdo con su propósito.

Romanos 8:28, *NVI*

No soy muy buena con las manualidades que llevan hilo y aguja (pero si me dan una pistola encoladora, ¡cuidado!). Por otro lado, mi mamá ha hecho cosas maravillosas con solo aguja e hilo. Crea verdaderas obras de arte. Sin embargo, algo que he notado en todos estos proyectos que llevan hilo es que la parte trasera del trabajo no se parece en nada a una obra de arte... parece un desastre de hilos enredados.

Efesios 2:10 dice que eres la obra de arte de Dios... su obra maestra. Tal vez no siempre te sientas como una obra de arte, pero lo eres. Eres un tapiz que Dios está creando. El único problema es... que Dios trabaja desde la parte de atrás del tapiz. Toma todos los hilos enredados de nuestra vida y nos transforma en su obra de arte.

Si se lo permites, Él utilizará todos los hilos de tu vida... los que provienen de malas decisiones, los que surgen con el tiempo y la casualidad, los que provienen del enemigo y los que Él trae. Toma todos los hilos y crea algo hermoso, porque «dispone todas las cosas para el bien» de los que amamos a Dios.

Sé que puede ser difícil de creer, porque vemos nuestros defectos... vemos los errores... vemos el dolor.

Tal vez no nos guste el color del hilo. Tal vez haya un hilo negro enredado en la parte de atrás de tu tapiz. Quizá sea el hilo que surgió cuando tu esposo te dejó... o cuando un médico te dio un informe muy malo. Es lógico que estés herida y enojada, pero si dejas que Dios entre, Él hará que todas las cosas obren para bien.

Es posible que preguntes: «¿Cómo?».

No lo sé... No sé cómo colocó las estrellas en el cielo; solo sé que lo hizo... No sé cómo funciona mi auto; solo sé que lo hace.

A pesar de eso, sí sé que *todas* las cosas obran para bien de los que le aman. Si te rindes a Él, todas las cosas pueden utilizarse en su obra de arte.

Paso diario

Toma hoy la decisión de confiar en tu Padre para que todas las cosas... buenas o malas... obren para tu bien.

Día 88

No nos cansemos de hacer el bien, porque a su debido tiempo cosecharemos si no nos damos por vencidos. Por lo tanto, siempre que tengamos la oportunidad, hagamos bien a todos, y en especial a los de la familia de la fe.

GÁLATAS 6:9-10, *NVI*

Me encanta mirar a mis hijos jugar al baloncesto. Y la verdad es que hago más que mirar... ¡Me involucro mucho de manera vocal! En algunos partidos, el equipo de mi hija se distinguió por la defensa. El equipo contrario casi no pudo anotar puntos. Sin embargo, para ganar un juego, no basta con una buena defensa.

En algún momento, debe haber ofensiva. Me encanta cuando mi hija es tan fuerte en la defensa que le arrebata la pelota a su oponente y corre hacia nuestra cesta y marca dos puntos. Comenzó en una posición de defensa y terminó con la ofensiva.

A medida que tú y yo avanzamos en el viaje de la vida, debemos ser excelentes tanto en la defensa como en la ofensiva. En este momento, estoy en la ofensiva en contra de una enfermedad que intenta eliminarme. Comencé con la defensa... al intentar permanecer de pie cuando me dieron el diagnóstico. No obstante, pronto comprendí que debía pasar a una posición ofensiva si quería vencer al cáncer.

Estoy friendo (tratamientos de radiación) cualquier célula canceríngena que quede, y he modificado mi dieta para que fortalezca mi sistema inmunológico. Cuando nuestros sistemas inmunológicos son fuertes, a la enfermedad le resulta difícil sobrevivir. Ofensiva y defensa.

En cualquier relación, siempre estamos a la ofensiva y defensiva, haciendo cosas que evitan los problemas y atacando cualquier problema hasta que se logre la victoria.

Parece agotador. Puede serlo.

Se nos dieron una espada y un escudo para pelear la buena batalla. Para ganar, debemos dominar ambos.

Solo no te «canses de hacer el bien», porque recibirás la cosecha que quieres si sigues adelante. Continúa levantando tu escudo y blandiendo tu espada.

Paso diario

En tu vida actual,
¿cómo estás en la ofensiva? ¿Y en la defensiva?
¿Necesitas mejorar en cuanto a levantar
tu escudo o blandir tu espada?

Día 89

Porque tenéis necesidad de paciencia,
para que cuando hayáis hecho la voluntad de Dios,
obtengáis [y disfrutéis de] la promesa.

HEBREOS 10:36, *LBLA*

---

paciencia *sust:* el acto, la característica o la capacidad de soportar dificultades o tensión

A Philip y a mí nos encanta bucear. Estar en el océano tiene algo mágico. Los colores de los peces y los corales me sorprenden. ¡Cuán creativo es nuestro Dios! ¡No se le escapa nada!

Aprendimos algunas cosas muy importantes en nuestra clase de certificación de buceo. Cuando estábamos en la playa, el aire a nuestro alrededor tenía una presión de 1013.25 hPa [hectopascales] o 1 atmósfera. Cuando buceas, debes respirar de un tanque para buceo.

El aire que sale del tanque tiene la misma presión que la presión que ejerce el agua. Así debe ser, de lo contrario no saldría del tanque. Así que, cuando buceamos, el aire de nuestros pulmones en una profundidad de diez metros tenía el doble de presión que el aire sobre la tierra, y el aire de nuestros pulmones en una profundidad de veinte metros tenía el triple de presión.

Así que la presión del interior debe ser igual a la presión del exterior. Piensa en un submarino... debe estar presurizado a fin de poder soportar grandes profundidades, de otra manera se hundiría.

presión *sust:* Demanda o exigencia urgente; un estado agobiante de aflicción física, mental, social o económica

Tú y yo debemos ser expertas en manejar la presión. Cada día trae aparejado sus propios niveles de tensión. Solo necesitamos una «presión» mayor en nuestro interior para no hundirnos.

Al tener una relación verdadera con nuestro Dios y al decidir que cumpliremos con lo que Él nos asignó para hacer en la tierra, aumentamos la presión interior con el propósito de que cuando nos enfrentemos a la presión del exterior, no nos hundamos. Tenemos una larga vida para vivir. No podemos desanimarnos con cada dificultad que encontramos en el camino.

Toma la decisión de ser alguien paciente.

No seas de las que se rinden.

No dejes que las presiones de la vida hagan que te hundas.

Paso diario

Lee Hebreos 6:12.
¿Qué te dice este versículo?

Día 90

*Estoy seguro de que Dios, que comenzó a hacer
su buena obra en ustedes, la irá llevando a buen
fin hasta el día en que Jesucristo regrese.*

FILIPENSES 1:6, *DHH*

Le has rendido tu corazón a Dios.

Estás pasando tiempo con Él cada día.

Le has pedido que te ayude a crecer... y a madurar.

Te sientes cada vez más cómoda con la corona en tu cabeza.

Te has rodeado de personas maravillosas.

Estás tendiéndole la mano a los que necesitan ayuda.

Estás abriendo tu corazón y amando a los que Dios trae a tu camino.

Estás perdonando a los que te hieren.

Estás aprendiendo a ponerte tu armadura... y te sientes cómoda con tu espada.

Estás preparada y dispuesta para ir a la guerra contra el enemigo cuando sea necesario.

Nunca te rendirás.

Aprendes constantemente.

Sonríes, aun cuando es difícil.

¡Eres una chica de Dios!

Eres increíble.

Paso final

*¡Adelante! Date una palmadita en la espalda...
¡terminaste este libro! Ahora,
¡ve y consigue otro!*

Da el primer paso...

Tal vez nunca hayas comenzado tu propia aventura con Jesús. Quizá no tengas una verdadera relación con tu Creador. Es posible que creas en alguna clase de poder superior... pero no creo que eso te ayude en tu vida cotidiana. Te crearon para tener una relación verdadera, poderosa y revolucionaria con Dios.

Dios envió a Jesús a la tierra para pagar el precio por tus debilidades y errores. Lo hizo porque te ama muchísimo y quiere tener una relación contigo. Creó la eternidad teniéndote en mente. Quiere estar contigo para siempre, pero la única manera en que esto puede suceder es si aceptas su regalo... su regalo de Jesús.

Así que ahora mismo, abre tu corazón al amor más increíble que conocerás jamás. Abre tu corazón al mayor regalo que se haya otorgado jamás... comprende que te aman justo como eres. Haz esta oración... y hazla tuya.

Padre, gracias por amarme tanto que enviaste
Jesús para pagar una deuda que nunca podría pagar.
Hoy, te elijo a ti. Hoy, acepto tu amor.
Gracias por tu perdón. Te agradezco que a partir
de este momento sea una persona nueva...
a partir de este momento soy una
seguidora de Jesucristo.

La Palabra de Dios para las chicas de Dios

Sanidad

Sáname, Señor, y seré sanado; sálvame y seré salvado, porque tú eres mi alabanza.
Jeremías 17:14, *NVI*

Jesús se dio vuelta, la vio y le dijo:
—¡Ánimo, hija! Tu fe te ha sanado.
Y la mujer quedó sana en aquel momento.
Mateo 9:22, *NVI*

Sin embargo, les daré salud y los curaré; los sanaré y haré que disfruten de abundante paz y seguridad.
Jeremías 33:6, *NVI*

¿No es acaso el ayuno compartir tu pan con el hambriento y dar refugio a los pobres sin techo, vestir al desnudo y no dejar de lado a tus semejantes? Si así procedes, tu luz despuntará como la aurora, y al instante llegará tu sanidad; tu justicia te abrirá el camino, y la gloria del SEÑOR te seguirá. Llamarás, y el SEÑOR responderá; pedirás ayuda, y él dirá: «¡Aquí estoy!».
Isaías 58:7-9, *NVI*

Pero para ustedes que temen mi nombre, saldrá el Sol de Justicia trayendo sanidad en sus alas. Seránlibres saltando con gozo como cabritos soltados en los prados.
Malaquías 4:2, *LBD*

[Los] que habían ido para oírle y para ser sanados de sus enfermedades; y los que eran atormentados por espíritus inmundos eran curados. Y toda la multitud procuraba tocarle, porque de Él salía un poder que a todos sanaba.
Lucas 6:17-19, LBLA

Este hombre sanó en el nombre de Jesús, y ustedes saben cuán inválido estaba. La fe en el nombre de Jesús, fe que nos dio el Señor, logró la perfecta curación de este individuo.
Hechos 3:16, LBD

Los discípulos salieron y fueron por todas partes predicando que se arrepintieran y se apartaran del pecado. Echaron fuera muchos demonios, y sanaron muchos enfermos, ungiéndolos con aceite de oliva.
Marcos 6:12-13, LBD

Paz

Les voy a dejar un regalo: paz en el alma. La paz que doy no es frágil como la paz que el mundo ofrece. Nunca estén afligidos ni temerosos.
Juan 14:27, LBD

Ahora, oh Israel, el Señor que te creó dice: No temas, pues yo te rescaté; yo te llamé por tu nombre; eres mío. Cuando pases por aguas profundas y gran tribulación yo estaré contigo. Cuando pases por ríos de dificultades, no te ahogarás. Cuando pases por fuego de opresión, no te quemarás; las llamas no te consumirán.
Isaías 43:1-2, LBD

«Porque yo sé muy bien los planes que tengo para ustedes —afirma el SEÑOR—, planes de bienestar y no de calamidad, a fin de darles un futuro y una esperanza».
Jeremías 29:11, NVI

No se afanen por nada; más bien oren por todo. Presenten ante Dios sus necesidades y después no dejen de darle gracias por sus respuestas. Haciendo esto sabrán ustedes lo que es la paz de Dios, la cual es tan extraordinariamente maravillosa que la mente humana no podrá jamás entenderla. Su paz mantendrá sus pensamientos y su corazón en la quietud y el reposo de la fe en Jesucristo.
Filipenses 4:6-7, LBD

Dios es nuestro amparo y nuestra fortaleza, nuestra ayuda segura en momentos de angustia. Por eso, no temeremos aunque se desmorone la tierra y las montañas se hundan en el fondo del mar; aunque rujan y se encrespen sus aguas, y ante su furia retiemblen los montes.
Salmo 46:1-3, NVI

Porque no nos ha dado Dios espíritu de cobardía, sino de poder, de amor y de dominio propio.
2 Timoteo 1:7, RV-60

En el amor no hay temor, sino que el perfecto amor echa fuera el temor; porque el temor lleva en sí castigo.
1 Juan 4:18, RV-60

En el amor no hay temor[ni terror], sino que el perfecto amor [completo, desarrollado] echa fuera el temor, porque el temor involucra castigo, y el que teme no es hecho perfecto en el amor[todavía no ha crecido para alcanzar la completa perfección del amor].
1 Juan 4:18, LBLA

Fortaleza

Pero los que confían en el SEÑOR renovarán sus fuerzas; volarán como las águilas: correrán y no se fatigarán, caminarán y no se cansarán.
Isaías 40:31, NVI

Pero yo le cantaré a tu poder, y por la mañana alabaré tu amor; porque tú eres mi protector, mi refugio en momentos de angustia. A ti, fortaleza mía, te cantaré salmos, pues tú, oh Dios, eres mi protector. ¡Tú eres el Dios que me ama!
Salmo 59:16-17, NVI

«Te tomé de los confines de la tierra, te llamé de los rincones más remotos, y te dije: "Tú eres mi siervo". Yo te escogí; no te rechacé. Así que no temas, porque yo estoy contigo; no te angusties, porque yo soy tu Dios. Te fortaleceré y te ayudaré; te sostendré con mi diestra victoriosa. Todos los que se enardecen contra ti sin duda serán avergonzados y humillados; los que se te oponen serán como nada, como si no existieran».
Isaías 41:9-11, NVI

Yo me regocijaré en el SEÑOR, ¡me alegraré en Dios, mi libertador! El SEÑOR omnipotente es mi fuerza; da a mis pies la ligereza de una gacela y me hace caminar por las alturas.
Habacuc 3:18-19, NVI

Se reviste de fuerza y dignidad, y afronta segura el porvenir.
Proverbios 31:25, NVI

Sé vivir humildemente, y sé tener abundancia; en todo y por todo estoy enseñado, así para estar saciado como para tener hambre, así para tener abundancia como para padecer necesidad. Todo lo puedo en Cristo que me fortalece.
Filipenses 4:12-13, RV-60

Pasos diarios del plan de lecturas bíblicas

A continuación encontrarás un plan diario de lecturas bíblicas que te ayudará mientras sigues dando pasos cada día en tu caminar con Dios. La lectura de cada día tiene dos partes: una lectura general y un «devocional» tomado de los libros poéticos y los Salmos. Fíjate que en este plan anual no se incluyeron todos los libros de la Biblia... a fin de que tu lectura resulte un poco más sencilla, se omitieron capítulos de la Biblia que contienen relatos detallados de la Ley de Moisés (como Levítico), largas tablas y listas genealógicas (como en Números) y repeticiones de la historia judía (como en 1 y 2 Crónicas).

Fecha	Lectura	Devocional
☐ 1 de enero	Génesis 1-2	Job 1-2
☐ 2 de enero	Génesis 3-4	Job 3
☐ 3 de enero	Génesis 5-6	
☐ 4 de enero	Génesis 7-8	Job 4
☐ 5 de enero	Génesis 9-11	
☐ 6 de enero	Génesis 12-13	Job 5
☐ 7 de enero	Génesis 14-15	
☐ 8 de enero	Génesis 16-17	Job 6
☐ 9 de enero	Génesis 18-19	
☐ 10 de enero	Génesis 20-22	Job 7
☐ 11 de enero	Génesis 23-24	
☐ 12 de enero	Génesis 25-26	Job 8
☐ 13 de enero	Génesis 27-28	
☐ 14 de enero	Génesis 29-30	Job 9

Fecha	Lectura	Devocional
❏ 15 de enero	Génesis 31-33	
❏ 16 de enero	Génesis 34-35	Job 10
❏ 17 de enero	Génesis 36-38	
❏ 18 de enero	Génesis 39-40	Job 11
❏ 19 de enero	Génesis 41-42	
❏ 20 de enero	Génesis 43-45	Job 12
❏ 21 de enero	Génesis 46-47	
❏ 22 de enero	Génesis 48-50	Job 13
❏ 23 de enero	Éxodo 1-2	
❏ 24 de enero	Éxodo 3-4	Job 14
❏ 25 de enero	Éxodo 5-6	
❏ 26 de enero	Éxodo 7-8	Job 15
❏ 27 de enero	Éxodo 9-10	
❏ 28 de enero	Éxodo 11-12	Job 16
❏ 29 de enero	Éxodo 13-14	
❏ 30 de enero	Éxodo 15-16	Job 17
❏ 31 de enero	Éxodo 17-18	
❏ 1 de febrero	Éxodo 19-21	Job 18
❏ 2 de febrero	Éxodo 24	
❏ 3 de febrero	Éxodo 32-35:3	Job 19
❏ 4 de febrero	Éxodo 39:32-40	
❏ 5 de febrero	Levítico 23; 25-27	Job 20
❏ 6 de febrero	Números 1:1-3; 8-10	
❏ 7 de febrero	Números 11-13	Job 21
❏ 8 de febrero	Números 14, 16	
❏ 9 de febrero	Números 17-18	Job 22
❏ 10 de febrero	Números 20-21	
❏ 11 de febrero	Números 22-23	Job 23
❏ 12 de febrero	Números 24-25	
❏ 13 de febrero	Números 27-29	Job 24

Fecha	Lectura	Devocional
❏ 14 de febrero	Números 30-31	
❏ 15 de febrero	Números 32-33:1; 50-56	Job 25
❏ 16 de febrero	Números 35-36	
❏ 17 de febrero	Deuteronomio 1-3	Job 26
❏ 18 de febrero	Deuteronomio 4-5	
❏ 19 de febrero	Deuteronomio 6-8	Job 27
❏ 20 de febrero	Deuteronomio 9-10	
❏ 21 de febrero	Deuteronomio 11-12	Job 28
❏ 22 de febrero	Deuteronomio 13-15	
❏ 23 de febrero	Deuteronomio 16-17	Job 29
❏ 24 de febrero	Deuteronomio 18-19	
❏ 25 de febrero	Deuteronomio 26-27	Job 30
❏ 26 de febrero	Deuteronomio 28-29	
❏ 27 de febrero	Deuteronomio 30-32	Job 31
❏ 28 de febrero	Deuteronomio 33-34	
❏ 1 de marzo	Josué 1-2	Job 32
❏ 2 de marzo	Josué 3-4	
❏ 3 de marzo	Josué 5-6	Job 33
❏ 4 de marzo	Josué 7-9	
❏ 5 de marzo	Josué 10-11	Job 34
❏ 6 de marzo	Josué 12-13	
❏ 7 de marzo	Josué 14-15	Job 35
❏ 8 de marzo	Josué 16-17	
❏ 9 de marzo	Josué 18-20	Job 36
❏ 10 de marzo	Josué 21-22	
❏ 11 de marzo	Josué 23-24	Job 37
❏ 12 de marzo	Jueces 1-2	
❏ 13 de marzo	Jueces 3-4	Job 38
❏ 14 de marzo	Jueces 5-7	
❏ 15 de marzo	Jueces 8-9	Job 39

Fecha	Lectura	Devocional
☐ 16 de marzo	Jueces 10-11	
☐ 17 de marzo	Jueces 12-13	Job 40
☐ 18 de marzo	Jueces 14-15	
☐ 19 de marzo	Jueces 16-18	Job 41
☐ 20 de marzo	Jueces 19-21	
☐ 21 de marzo	Rut	Job 42
☐ 22 de marzo	1 Samuel 1-2	
☐ 23 de marzo	1 Samuel 3-4	Cantares 1
☐ 24 de marzo	1 Samuel 5-6	Cantares 2
☐ 25 de marzo	1 Samuel 7-8	Cantares 3
☐ 26 de marzo	1 Samuel 9-10	Cantares 4
☐ 27 de marzo	1 Samuel 11-12	Cantares 5
☐ 28 de marzo	1 Samuel 13-15	Cantares 6
☐ 29 de marzo	1 Samuel 16-17	Cantares 7
☐ 30 de marzo	1 Samuel 18-19	Cantares 8
☐ 31 de marzo	1 Samuel 20-21	Proverbios 1:1-19
☐ 1 de abril	1 Samuel 22-23	Proverbios 1:20-33
☐ 2 de abril	1 Samuel 24-26	Proverbios 2:1-9
☐ 3 de abril	1 Samuel 27-28	Proverbios 2:10-22
☐ 4 de abril	1 Samuel 29-31	Proverbios 3:1-18
☐ 5 de abril	2 Samuel 1-2	Proverbios 3:19-35
☐ 6 de abril	2 Samuel 3-4	Proverbios 4:1-13
☐ 7 de abril	2 Samuel 5-6	Proverbios 4:14-27
☐ 8 de abril	2 Samuel 7-8	Proverbios 5:1-14
☐ 9 de abril	2 Samuel 9-10	Proverbios 5:15-23
☐ 10 de abril	2 Samuel 11-12	Proverbios 6:1-19
☐ 11 de abril	2 Samuel 13-14	Proverbios 6:20-35
☐ 12 de abril	2 Samuel 15-17	Proverbios 7:1-5
☐ 13 de abril	2 Samuel 18-19	Proverbios 7:6-27
☐ 14 de abril	2 Samuel 20-21	Proverbios 8:1-21

Fecha	Lectura	Devocional
☐ 15 de abril	2 Samuel 22-24	Proverbios 8:22-36
☐ 16 de abril	1 Reyes 1-2	Proverbios 9: 1-12
☐ 17 de abril	1 Reyes 3-4	Proverbios 9:13-18
☐ 18 de abril	1 Reyes 5-6	Proverbios 10:1-17
☐ 19 de abril	1 Reyes 7-9	Proverbios 10:18-32
☐ 20 de abril	1 Reyes 10-11	Proverbios 11:1-15
☐ 21 de abril	1 Reyes 12-13	Proverbios 11:16-31
☐ 22 de abril	1 Reyes 14-16	Proverbios 12:1-11
☐ 23 de abril	1 Reyes 17-18	Proverbios 12:12-28
☐ 24 de abril	1 Reyes 19-20	Proverbios 13:1-12
☐ 25 de abril	1 Reyes 21-22	Proverbios 13:13-25
☐ 26 de abril	2 Reyes 3-4	Proverbios 14:1-14
☐ 27 de abril	2 Reyes 5-6	Proverbios 14:15-35
☐ 28 de abril	2 Reyes 7-8	Proverbios 15:1-15
☐ 29 de abril	2 Reyes 9-10	Proverbios 15:16-33
☐ 30 de abril	2 Reyes 11-12	Proverbios 16:1-9
☐ 1 de mayo	2 Reyes 13-15	Proverbios 16:10-33
☐ 2 de mayo	2 Reyes 16-18	Proverbios 17:1-14
☐ 3 de mayo	2 Reyes 19-20	Proverbios 17:15-28
☐ 4 de mayo	2 Reyes 21-22	Proverbios 18:1-12
☐ 5 de mayo	2 Reyes 23-24	Proverbios 18:13-24
☐ 6 de mayo	2 Reyes 25; Abdías	Proverbios 19:1-15
☐ 7 de mayo	Jonás	Proverbios 19:16-29
☐ 8 de mayo	Isaías 1-3	Proverbios 20:1-15
☐ 9 de mayo	Isaías 4-5	Proverbios 20:16-30
☐ 10 de mayo	Isaías 6-8	Proverbios 21:1-15
☐ 11 de mayo	Isaías 9-10	Proverbios 21:16-31
☐ 12 de mayo	Isaías 11-12	Proverbios 22:1-16
☐ 13 de mayo	Isaías 13-14	Proverbios 22:17-29
☐ 14 de mayo	Isaías 15-16	Proverbios 23:1-21

Fecha	Lectura	Devocional
☐ 15 de mayo	Isaías 17-19	Proverbios 23:22-35
☐ 16 de mayo	Isaías 20-21	Proverbios 24:1-22
☐ 17 de mayo	Isaías 22-23	Proverbios 24:23-34
☐ 18 de mayo	Isaías 24-25	Proverbios 25:1-13
☐ 19 de mayo	Isaías 26-27	Proverbios 25:14-28
☐ 20 de mayo	Isaías 28-30	Proverbios 26:1-12
☐ 21 de mayo	Isaías 31-32	Proverbios 26:13-28
☐ 22 de mayo	Isaías 33-34	Proverbios 27:1-22
☐ 23 de mayo	Isaías 35-36	Proverbios 27:23-27
☐ 24 de mayo	Isaías 37-38	Proverbios 28: 1-14
☐ 25 de mayo	Isaías 39-41	Proverbios 28:15-28
☐ 26 de mayo	Isaías 42-43	Proverbios 29:1-14
☐ 27 de mayo	Isaías 44-45	Proverbios 29:15-27
☐ 28 de mayo	Isaías 46-47	Proverbios 30:1-17
☐ 29 de mayo	Isaías 48-49	Proverbios 30:18-33
☐ 30 de mayo	Isaías 50-52	Proverbios 31:1-9
☐ 31 de mayo	Isaías 53-55	Proverbios 31:10-31
☐ 1 de junio	Isaías 56-57	Eclesiastés 1:1-11
☐ 2 de junio	Isaías 58-59	Eclesiastés 1:12-18
☐ 3 de junio	Isaías 60-61	Eclesiastés 2:1-11
☐ 4 de junio	Isaías 62-63	Eclesiastés 2: 12-26
☐ 5 de junio	Isaías 64-66	Eclesiastés 3:1-8
☐ 6 de junio	Amós 1-3	Eclesiastés 3:9-22
☐ 7 de junio	Amós 4-5	Eclesiastés 4:1-8
☐ 8 de junio	Amós 6-7	Eclesiastés 4:9-16
☐ 9 de junio	Amós 8-9	Eclesiastés 5:1-7
☐ 10 de junio	Miqueas 1-3	Eclesiastés 5:8-20
☐ 11 de junio	Miqueas 4-5	Eclesiastés 6:1-6
☐ 12 de junio	Miqueas 6-7	Eclesiastés 6:7-12
☐ 13 de junio	Oseas 1-3	Eclesiastés 7:1-14

Fecha	Lectura	Devocional
❑ 14 de junio	Oseas 4-5	Eclesiastés 7:15-29
❑ 15 de junio	Oseas 6-7	Eclesiastés 8:1-9
❑ 16 de junio	Oseas 8-9	Eclesiastés 8:10-17
❑ 17 de junio	Oseas 10-11	Eclesiastés 9:1-12
❑ 18 de junio	Oseas 12-14	Eclesiastés 9:13-18
❑ 19 de junio	Nahúm	Eclesiastés 10:1-10
❑ 20 de junio	Sofonías	Eclesiastés 10:11-20
❑ 21 de junio	Jeremías 1-2	Eclesiastés 11:1-8
❑ 22 de junio	Jeremías 3-4	Eclesiastés 11:9-10
❑ 23 de junio	Jeremías 5-6	Eclesiastés 12:1-8
❑ 24 de junio	Jeremías 7-8	Eclesiastés 12:9-14
❑ 25 de junio	Jeremías 9-10	Salmo 1
❑ 26 de junio	Jeremías 11-12	Salmo 2
❑ 27 de junio	Jeremías 13-14	Salmo 3
❑ 28 de junio	Jeremías 15-16	Salmo 4
❑ 29 de junio	Jeremías 17-18	Salmo 5
❑ 30 de junio	Jeremías 19-20	Salmo 6
❑ 1 de julio	Jeremías 21-22	Salmo 7:1-8
❑ 2 de julio	Jeremías 23-24	Salmo 7:9-17
❑ 3 de julio	Jeremías 25-27	Salmo 8
❑ 4 de julio	Jeremías 28-29	Salmo 9:1-12
❑ 5 de julio	Jeremías 30-31	Salmo 9:13-20
❑ 6 de julio	Jeremías 32-33	Salmo 10:1-7
❑ 7 de julio	Jeremías 34-35	Salmo 10:8-18
❑ 8 de julio	Jeremías 36-38	Salmo 11
❑ 9 de julio	Jeremías 39-40	Salmo 12
❑ 10 de julio	Jeremías 41-42	Salmo 13
❑ 11 de julio	Jeremías 43-44	Salmo 14
❑ 12 de julio	Jeremías 45-46	Salmo 15
❑ 13 de julio	Jeremías 47-49	Salmo 16

Fecha	Lectura	Devocional
☐ 14 de julio	Jeremías 50-52	Salmo 17:1-9
☐ 15 de julio	Habacuc 1-3	Salmo 17:10-15
☐ 16 de julio	Lamentaciones 1-2	Salmo 18:1-12
☐ 17 de julio	Lamentaciones 3-5	Salmo 18:13-34
☐ 18 de julio	Ezequiel 1-2	Salmo 18:35-50
☐ 19 de julio	Ezequiel 3-4	Salmo 19:1-6
☐ 20 de julio	Ezequiel 5-6	Salmo 19:7-14
☐ 21 de julio	Ezequiel 7-8	Salmo 20
☐ 22 de julio	Ezequiel 9-10	Salmo 21
☐ 23 de julio	Ezequiel 11-13	Salmo 22:1-11
☐ 24 de julio	Ezequiel 14-15	Salmo 22:12-31
☐ 25 de julio	Ezequiel 16-17	Salmo 23
☐ 26 de julio	Ezequiel 18-19	Salmo 24
☐ 27 de julio	Ezequiel 20-21	Salmo 25:1-7
☐ 28 de julio	Ezequiel 22-23	Salmo 25:8-22
☐ 29 de julio	Ezequiel 24-25	Salmo 26
☐ 30 de julio	Ezequiel 26-27	Salmo 27:1-6
☐ 31 de julio	Ezequiel 28-29	Salmo 27:7-14
☐ 1 de agosto	Ezequiel 30-32	Salmo 28
☐ 2 de agosto	Ezequiel 33-34	Salmo 29
☐ 3 de agosto	Ezequiel 35-36	Salmo 30
☐ 4 de agosto	Ezequiel 37-39	Salmo 31:1-18
☐ 5 de agosto	Ezequiel 40-42	Salmo 31:19-24
☐ 6 de agosto	Ezequiel 43:1-12; 47:1-12	Salmo 32
☐ 7 de agosto	Joel	Salmo 33:1-9
☐ 8 de agosto	Daniel 1-2	Salmo 33:10-22
☐ 9 de agosto	Daniel 3-5	Salmo 34:1-10
☐ 10 de agosto	Daniel 6-7	Salmo 34:11-22
☐ 11 de agosto	Daniel 8-9	Salmo 35:1-10
☐ 12 de agosto	Daniel 10-12	Salmo 35:11-28

Fecha	Lectura	Devocional
☐ 13 de agosto	Esdras 1-2	Salmo 36
☐ 14 de agosto	Esdras 3-4	Salmo 37:1-11
☐ 15 de agosto	Esdras 5-6	Salmo 37:12-29
☐ 16 de agosto	Esdras 7-8	Salmo 37:30-40
☐ 17 de agosto	Esdras 9-10	Salmo 38:1-14
☐ 18 de agosto	Hageo	Salmo 38:15-22
☐ 19 de agosto	Zacarías 1-2	Salmo 39
☐ 20 de agosto	Zacarías 3-4	Salmo 40:1-10
☐ 21 de agosto	Zacarías 5-6	Salmo 40:11-17
☐ 22 de agosto	Zacarías 7-8	Salmo 41
☐ 23 de agosto	Zacarías 9-10	Salmo 42
☐ 24 de agosto	Zacarías 11-12	Salmo 43
☐ 25 de agosto	Zacarías 13-14	Salmo 44:1-8
☐ 26 de agosto	Ester 1-3	Salmo 44:9-26
☐ 27 de agosto	Ester 4-5	Salmo 45:1-9
☐ 28 de agosto	Ester 6-8	Salmo 45:10-17
☐ 29 de agosto	Ester 9-10	Salmo 46
☐ 30 de agosto	Nehemías 1-2	Salmo 47
☐ 31 de agosto	Nehemías 3-4	Salmo 48
☐ 1 de septiembre	Nehemías 5-7:5	Salmo 49
☐ 2 de septiembre	Nehemías 8-10	Salmo 50:1-15
☐ 3 de septiembre	Nehemías 12:27-13:31	Salmo 50:16-23
☐ 4 de septiembre	Malaquías 1-2	Salmo 51
☐ 5 de septiembre	Malaquías 3-4	Salmo 52
☐ 6 de septiembre	Mateo 1-3	Salmo 53
☐ 7 de septiembre	Mateo 4-5	Salmo 54
☐ 8 de septiembre	Mateo 6-8	Salmo 55:1-15
☐ 9 de septiembre	Mateo 9-10	Salmo 55:16-23
☐ 10 de septiembre	Mateo 11-12	Salmo 56
☐ 11 de septiembre	Mateo 13-16	Salmo 57

Fecha	Lectura	Devocional
❏ 12 de septiembre	Mateo 17-18	Salmo 58
❏ 13 de septiembre	Mateo 19-20	Salmo 59
❏ 14 de septiembre	Mateo 21-23	Salmo 60
❏ 15 de septiembre	Mateo 24-25	Salmo 61
❏ 16 de septiembre	Mateo 26-28	Salmo 62
❏ 17 de septiembre	Marcos 1-2	Salmo 63
❏ 18 de septiembre	Marcos 3-4	Salmo 64
❏ 19 de septiembre	Marcos 5-6	Salmo 65
❏ 20 de septiembre	Marcos 7-8	Salmo 66
❏ 21 de septiembre	Marcos 9-10	Salmo 67
❏ 22 de septiembre	Marcos 11-12	Salmo 68:1-18
❏ 23 de septiembre	Marcos 13-14	Salmo 68:19-35
❏ 24 de septiembre	Marcos 15-16	Salmo 69:1-15
❏ 25 de septiembre	Lucas 1-3	Salmo 69:16-36
❏ 26 de septiembre	Lucas 4-5	Salmo 70
❏ 27 de septiembre	Lucas 6-7	Salmo 71:1-11
❏ 28 de septiembre	Lucas 8-9	Salmo 71:12-24
❏ 29 de septiembre	Lucas 10-11	Salmo 72
❏ 30 de septiembre	Lucas 12-14	Salmo 73:1-17
❏ 1 de octubre	Lucas 15-16	Salmo 73:18-28
❏ 2 de octubre	Lucas 17-18	Salmo 74
❏ 3 de octubre	Lucas 19-20	Salmo 75
❏ 4 de octubre	Lucas 21-22	Salmo 76
❏ 5 de octubre	Lucas 23-24	Salmo 77
❏ 6 de octubre	Juan 1-3	Salmo 78:1-31
❏ 7 de octubre	Juan 4-6	Salmo 78:32-55
❏ 8 de octubre	Juan 7-8	Salmo 78:56-72
❏ 9 de octubre	Juan 9-11	Salmo 79
❏ 10 de octubre	Juan 12-13	Salmo 80
❏ 11 de octubre	Juan 14-16	Salmo 81

Fecha	Lectura	Devocional
☐ 12 de octubre	Juan 17-18	Salmo 82
☐ 13 de octubre	Juan 19-21	Salmo 83
☐ 14 de octubre	Hechos 1-2	Salmo 84
☐ 15 de octubre	Hechos 3-4	Salmo 85
☐ 16 de octubre	Hechos 5-6	Salmo 86
☐ 17 de octubre	Hechos 7-8	Salmo 87
☐ 18 de octubre	Hechos 9-10	Salmo 88
☐ 19 de octubre	Hechos 11-13	Salmo 89:1-18
☐ 20 de octubre	Hechos 14-15	Salmo 89:19-45
☐ 21 de octubre	Hechos 16-17	Salmo 89:46-52
☐ 22 de octubre	Hechos 18-19	Salmo 90
☐ 23 de octubre	Hechos 20-21	Salmo 91
☐ 24 de octubre	Hechos 22-24	Salmo 92
☐ 25 de octubre	Hechos 25-26	Salmo 93
☐ 26 de octubre	Hechos 27-28	Salmo 94:1-11
☐ 27 de octubre	Santiago 1-2	Salmo 94:12-23
☐ 28 de octubre	Santiago 3-5	Salmo 95
☐ 29 de octubre	Gálatas 1-2	Salmo 96
☐ 30 de octubre	Gálatas 3-4	Salmo 97
☐ 31 de octubre	Gálatas 5-6	Salmo 98
☐ 1 de noviembre	1 Tesalonicenses 1-2	Salmo 99
☐ 2 de noviembre	1 Tesalonicenses 3-5	Salmo 100
☐ 3 de noviembre	2 Tesalonicenses 1-3	Salmo 101
☐ 4 de noviembre	1 Corintios 1-2	Salmo 102
☐ 5 de noviembre	1 Corintios 3-4	Salmo 103
☐ 6 de noviembre	1 Corintios 5-7	Salmo 104
☐ 7 de noviembre	1 Corintios 8-9	Salmo 105:1-22
☐ 8 de noviembre	1 Corintios 10-11	Salmo 105:23-45
☐ 9 de noviembre	1 Corintios 12-13	Salmo 106:1-5
☐ 10 de noviembre	1 Corintios 14-16	Salmo 106:6-48

Fecha	Lectura	Devocional
❏ 11 de noviembre	2 Corintios 1-2	Salmo 107:1-22
❏ 12 de noviembre	2 Corintios 3-5	Salmo 107:23-43
❏ 13 de noviembre	2 Corintios 6-7	Salmo 108
❏ 14 de noviembre	2 Corintios 8-9	Salmo 109:1-20
❏ 15 de noviembre	2 Corintios 10-11	Salmo 109:21-31
❏ 16 de noviembre	2 Corintios 12-13	Salmo 110
❏ 17 de noviembre	Romanos 1-3	Salmo 111
❏ 18 de noviembre	Romanos 4-5	Salmo 112
❏ 19 de noviembre	Romanos 6-7	Salmo 113
❏ 20 de noviembre	Romanos 8-9	Salmo 114
❏ 21 de noviembre	Romanos 10-11	Salmo 115
❏ 22 de noviembre	Romanos 12-14	Salmo 116
❏ 23 de noviembre	Romanos 15-16	Salmo 117
❏ 24 de noviembre	Colosenses 1-2	Salmo 118
❏ 25 de noviembre	Colosenses 3-4	Salmo 119:1-32
❏ 26 de noviembre	Filemón	Salmo 119:23-56
❏ 27 de noviembre	Efesios 1-3	Salmo 119:57-88
❏ 28 de noviembre	Efesios 4-6	Salmo 119:89-112
❏ 29 de noviembre	Filipenses 1-3	Salmo 119: 113-144
❏ 30 de noviembre	Filipenses 4-6	Salmo 119:145-176
❏ 1 de diciembre	1 Timoteo 1-2	Salmo 120
❏ 2 de diciembre	1 Timoteo 3-4	Salmo 121
❏ 3 de diciembre	1 Timoteo 5-6	Salmo 122
❏ 4 de diciembre	Tito	Salmo 123
❏ 5 de diciembre	1 Pedro 1-2	Salmo 124
❏ 6 de diciembre	1 Pedro 3-5	Salmo 125
❏ 7 de diciembre	Hebreos 1-2	Salmo 126
❏ 8 de diciembre	Hebreos 3-4	Salmo 127
❏ 9 de diciembre	Hebreos 5-6	Salmo 128
❏ 10 de diciembre	Hebreos 7-8	Salmo 129

Fecha	Lectura	Devocional
❏ 11 de diciembre	Hebreos 9-10	Salmo 130
❏ 12 de diciembre	Hebreos 11-13	Salmo 131
❏ 13 de diciembre	2 Timoteo 1-2	Salmo 132
❏ 14 de diciembre	2 Timoteo 3-4	Salmo 133
❏ 15 de diciembre	2 Pedro	Salmo 134
❏ 16 de diciembre	Judas	Salmo 135
❏ 17 de diciembre	1 Juan 1-3	Salmo 136
❏ 18 de diciembre	1 Juan 4-5	Salmo 137
❏ 19 de diciembre	2 Juan	Salmo 138
❏ 20 de diciembre	3 Juan	Salmo 139
❏ 21 de diciembre	Apocalipsis 1-2	Salmo 140
❏ 22 de diciembre	Apocalipsis 3-4	Salmo 141
❏ 23 de diciembre	Apocalipsis 5-6	Salmo 142
❏ 24 de diciembre	Apocalipsis 7-8	Salmo 143
❏ 25 de diciembre	Apocalipsis 9-10	Salmo 144
❏ 26 de diciembre	Apocalipsis 11-12	Salmo 145
❏ 27 de diciembre	Apocalipsis 13-14	Salmo 146
❏ 28 de diciembre	Apocalipsis 15-16	Salmo 147
❏ 29 de diciembre	Apocalipsis 17-18	Salmo 148
❏ 30 de diciembre	Apocalipsis 19-20	Salmo 149
❏ 31 de diciembre	Apocalipsis 21-22	Salmo 150

Notas

1. Oprah Winfrey, citada en «Inspirational Quotes: Wisdom Quotations»; www.inspirational-quotations.com/wisdom-quotes.html; accedido en diciembre de 2005.

2. Holly Wagner, *GodChicks*, Thomas Nelson Publishers, Nashville, TN, 2003, p. 29.

3. James Strong, *Nueva Concordancia Strong Exhaustiva*, Editorial Caribe, Inc., Nashville, TN, 2002, entrada 2428 del diccionario de palabras hebreas y arameas, p. 40.

4. Valeric Monroe, «Age Brilliantly, Beautifully, Happily», *O, The Oprah Magazine*, octubre de 2005.

5. Wagner, *GodChicks*, p. 70.

6. *Ibíd.*, p. 75.

7. *Ibíd.*, p. 107.

8. Carl Rogers, citado en James Hewitt, editor, *Illustrations Unlimited*, Tyndale House, Wheaton, IL, 1988, p. 388.

9. Terri Apter y Ruthellen Josselson, *Best Friends*, Three Rivers Press, Nueva York, 1999, p. 198.

10. Jim Burns, «The Ultimate Christmas Present», *Devotions on the Run*, Regal Books, Ventura, CA, 2004, tercera semana/lectura dominical.

11. Revista Guideposts, Carmel, NY, diciembre de 1989, p. 28, citado en Burns, «The Ultimate Christmas Present», *Devotions on the Run*, tercera semana / lectura dominical.

12. *Ibíd.*

13. Hewitt, editor, *Illustrations Unlimited*, p. 224.

14. *Ibíd.*, p. 445.

Gracias

*A Jesús... ¡por hacer que la vida
sea una aventura tan grande!*

*A mi familia de Oasis...
por orar tanto por mí este año.*

A Philip... por amarme todos los días.

*A Paris y Jordan... ¡por
proporcionarme muchísimos ejemplos!*

*A Ashley... por escribir a máquina,
por el aliento y por tus palabras.*